Florian Werner Die Zunge

Ein Portrait | Hanser Berlin

1. Auflage 2023

ISBN 978-3-446-27729-8
© 2023 Hanser Berlin
in der Carl Hanser Verlag GmbH & Co. KG, München
Umschlag: Anzinger und Rasp, München
Motiv: Benjamin Houlihan, licked painting, 2014, Detail
© VAN HAM Kunstauktionen GmbH & Co. KG
Satz: Sandra Hacke, Dachau
Druck und Bindung: CPI books GmbH, Leck
Printed in Germany

MIX
Papier | Fördert
gute Waldnutzung
FSC
www.fsc.org   FSC® C083411

für Jim

Inhalt

kosten

Study my tongue!

White Noise

Plötzlich ist sie in aller Munde.

Nachdem die menschliche Zunge jahrtausendelang, im eigentlichen Sinne des Wortes, ein Schattendasein fristete, verlässt sie neuerdings immer häufiger ihren verborgenen Ort im Oralraum und fordert die ihr zustehende Aufmerksamkeit. Sie biegt sich. Sie rollt sich zusammen. Sie reckt und streckt sich, sie leckt lasziv die ihr nahe stehenden Lippen, spricht selbstbewusst von ihren Fähigkeiten und zeigt sich in all ihrer verkannten Pracht. Ich, so scheint sie mit jeder speichelschimmernden Papille, mit jedem Zucken eines ihrer zahlreichen Muskel bekräftigen zu wollen, bin ein vielsagendes Wesen. Ein Zentralorgan. Vielleicht der wichtigste Körperteil des Menschen.

Gerade aus der zeitgenössischen Kultur ist die Zunge kaum wegzudenken. In der Verfilmung des Don-DeLillo-Romans *Weißes Rauschen* aus dem Jahr 2022 fordert ein Privatlehrer den Protagonisten dazu auf, seine Zunge zu betrachten, um dadurch die Geheimnisse der deutschen Artikulation zu erlernen: »*Tomorrow is Tuesday.* ›Mor-gen ist Diens-tag.‹« Auf dem Plakat zum Kinofilm *Holy Spider*, ebenfalls aus dem Jahr 2022, ist eine verschleierte iranische Frau zu sehen, die dem Betrachter provokant die Zunge herausstreckt (Abb. 1) – eine Geste, die auf noch vergleichsweise freundliche Weise die Stimmung etlicher Protestierender gegenüber dem theokratischen Regime

9

1 Plakat für den dänischen Oscarbeitrag *Holy Spider* (2022)

des Landes zusammenfassen dürfte. Und im Video zu dem Song *Tongues* der indigenen kanadischen Sängerin Tanya Tagaq kämpft ein riesiges, aus der arktischen Tundra ragendes Sprechorgan gegen die Kreuze der christlichen Kolonisatoren und damit implizit gegen deren hegemoniale *weiße* Kultur. »You can't have my tongue«, singt Tagaq im traditionellen Kehlkopfgesang der Inuk. Meine Zunge gehört mir.

Natürlich ist die Zunge gerade für Sängerinnen und Sänger schon aus Gründen der Artikulation unerlässlich. Aber auch darüber hinaus ist das Organ in der Popmusik allgegenwärtig, sei es in Videos, auf der Bühne, auf Postern, Plattencovern oder in den Texten. »Acid landing on my tongue / I think you know we've just begun«, säuselt Anthony Kiedis von den Red Hot Chili Peppers im Song mit dem bezeichnenden Titel »Tippa My Tongue«, der zugehörige Clip zeigt eine psychedelische Kamerafahrt von der Zungenspitze über deren Rücken hinab in den Rachen des Sängers. Mit dieser expliziten Bildsprache befindet sich die Gruppe in guter, ja überlebensgroßer Gesellschaft: Schließlich ziert eine knallrote, suggestiv zwischen halbgeöffneten Lippen herausgestreckte Zunge das Logo der mutmaßlich berühmtesten Rock-'n'-Roll-Band der Welt.

Auch in der Belletristik erlebt das Organ, lange fast totgeschwiegen, eine erstaunliche Renaissance. In ihrem Erzählband *Mutterzunge* schildert die Autorin Emine Sevgi Özdamar, wie sie beim Anblick des Kölner Doms ihre titelgebende Zunge, das heißt die türkische Sprache, verlor – und daraufhin beschloss, ihre »Großvaterzunge«, nämlich das Arabische, zu erlernen. Der französische Schriftsteller Michel Houellebecq wiederum erzählt in seinem jüngsten Roman *Vernichten* von einem alternden, an einem Mundhöhlenkarzinom erkrankten Mann, der so leidenschaftlich an seiner Zunge hängt, dass er lieber stirbt, als sich den krebsbefallenen Körperteil entfernen zu lassen.

Doch nicht nur in Film, Musik und Literatur – auch in der bildenden Kunst kommt die Zunge, als Werkzeug wie auch als Motiv, vermehrt zum Einsatz. Der deutsche Maler Benjamin Houlihan beispielsweise (von dem auch das Cover dieses Buches stammt) setzt seine Zunge als körpereigenen Pinsel ein und gestaltet damit leckend ganze White-Cube-Wände. Die Künstlerin Kiki Smith erforscht mit ihrer Zungenspitze die Ritzen von Möbelstücken. Der jüngst verstorbene Performance-Künstler und Direktor des ZKM in Karlsruhe Peter Weibel mauerte seine Zunge einst in Beton ein. Und die mexikanische Künstlerin Teresa Margolles platzierte die abgeschnittene Zunge eines Jugendlichen auf ein Podest und erhöhte sie so zum stummen (und gleichzeitig himmelschreienden) Mahnmal gegen Gewalt.

In den Laien-Bildstrecken der sozialen Netzwerke hingegen erfüllt die frech in die Kamera gehaltene, gern auch gepiercte Party-Zunge längst die Funktion eines vollständigen Aussagesatzes: Sie signalisiert, dass man gerade wahnsinnig viel Spaß

2 Die Zunge spricht, auch wenn wir schweigen

hat und die Daheimgebliebenen an den Endgeräten echt was verpassen (Abb. 2). In der zeitgenössischen Rollenspielwelt bekämpft ein Schlecker-Pokémon namens Schlurp seine Gegner mit der sogenannten Zungenschelle, im Straßenverkehr setzen Sehbehinderte Zungenschnalzlaute zur räumlichen Orientierung ein, und auch in der Schul- und Zahnmedizin ist die tragende Rolle, die die Zunge bei einer ganzheitlichen Krankheitsdiagnostik spielen kann, endlich erkannt worden. Die Liste ließe sich ewig fortsetzen, zumindest so lang wie die Zunge einer Giraffe, und die misst immerhin stattliche fünfzig Zentimeter. Die kupierte Fassung lautet: Der Mensch erscheint im Glossozän. Wir leben im Zeitalter der Zunge.

Sagen Sie mal Ah! Noch vor wenigen Jahrzehnten wäre eine solch ostentative Zurschaustellung des menschlichen Oralorgans undenkbar gewesen. In der westlichen Kunst war die Darstellung weit aufgerissener Münder sowie deren Inhalts traditionell auf sehr wenige Figuren, zumeist niedrigen Stands und üblen Leumunds, beschränkt: Bis weit in die Neuzeit gehörten Zungen, wenn sie auf Gemälden, in Zeichnungen oder an Skulpturen zu sehen waren, fast ausschließlich Narren, Betrunkenen, Wahnsinnigen oder Verdammten auf dem Weg zur Hölle.

Selbst die notorisch transgressive Popkultur blieb beharrlich zungenscheu, zumindest wenn sie auf den Mainstream abzielte: Noch Ende der 1980er Jahre musste die amerikanische Glamrock-Band Poison das Cover ihres Albums *Open Up and Say ... Ahh!* für den heimischen Markt kaschieren, weil das darauf dargestellte Organ vermeintlich zu lang, zu animalisch, zu schlüpfrig, mit einem Wort: zu zungenhaft war. Eine veritable

Zungenkusskunst schließlich, wie sie das altindische Kamasutra bereits vor 1700 Jahren entwickelte, sucht man in der westlichen Tradition vergebens. Anders gesagt: Die Zunge galt für die längste Zeit ihres Daseins, einer ihrer vorzüglichsten Eigenschaften zum Trotz, als geschmacklos. Sie diente zur Spracherzeugung, war aber selbst unaussprechlich. Woher also diese überraschende Wende?

Zum einen, so darf man vermuten, hängt der jüngste Bilder- und Beschreibungsboom der Zunge mit einer generellen Erweiterung des Vorzeig- und Sagbaren seit den 1960er Jahren zusammen. Die Vertreterinnen und Vertreter der damals aufkommenden Gegenkulturen streckten ja nicht nur dem Establishment die Zunge heraus – es wurden auch etliche andere, zuvor verfemte Körperteile und Leibesfunktionen provokativ ans Licht gezerrt, thematisiert, enttabuisiert. Auch der öffentliche Diskurs vom Sex, an dem die Zunge nicht ganz unbeteiligt ist (sowohl am Diskurs als auch am Sex), nimmt in dieser Zeit seinen Ausgang: Nicht von ungefähr wird Mick Jagger, eines *der* männlichen Sex-Symbole des 20. Jahrhunderts, maßgeblich mit seiner kraftvoll-virilen Zunge assoziiert. Nicht umsonst spielte Jimi Hendrix, Gitarrengott der Sixties und Headliner des Woodstock-Festivals, seine Gitarre bisweilen (und ohne erkennbaren musikalischen Mehrwert) mit der herausgestreckten Zunge.

Das Vorzeigen der Zunge mutierte im vergangenen halben Jahrhundert also vom Symbol kindlich-juveniler Trotzhaltung zu einer auch unter Erwachsenen gebräuchlichen, bisweilen sexuell aufgeladenen, auf jeden Fall provokativen, antiautoritären Geste – die dennoch einer Weltkarriere nicht im Weg stehen muss. Schließlich handelt es sich beim Zungeherausstrecken um eine recht harmlose Grenzüberschreitung, die schnell wieder rückgängig gemacht werden kann. Anders als Penis,

Vulva, Brüste oder den entblößten Hintern kann man die Zunge in Sekundenbruchteilen wieder verschwinden lassen und die Provokation, wenn nicht ungesehen oder gar ungeschehen machen, so doch mit den zusammengepressten Lippen kaschieren.

Das Zungezeigen wäre mithin eine Art Rebellion light, die hervorragend in unsere marktförmige Gegenwart passt. Dass deswegen aber längst nicht alle folgenlos dieses Organ zeigen können, lässt sich am Beispiel von Armin Laschet studieren: Im Sommer 2021 besuchte der Politiker, damals noch Ministerpräsident von Nordrhein-Westfalen sowie Kanzlerkandidat der Union, das von einer Flutkatastrophe verwüstete Ahrtal. Während einer Rede des Bundespräsidenten stand Laschet abseits, wähnte sich unbeobachtet, machte einen Scherz und grinste – das war der Anfang vom Ende. Das Foto des spitzbübisch die Zunge zwischen den Zähnen hervorpressenden CDU-Mannes besiegelte seine Ambitionen auf das höchste Regierungsamt des Staates.

Fremd-Körper Der Fall Laschet zeigt: Die Zunge ist ein tückisches, ein trickreiches Wesen. Obwohl sie anatomisch nur wenige Zentimeter vom Gehirn entfernt ist, von jenem Organ also, das doch eigentlich ihre Bewegungen und Regungen kontrollieren sollte, scheint sie bisweilen ihre eigenen Absichten zu verfolgen – und zwar bevorzugt solche, die dem Willen des Zungeninhabers zuwiderlaufen. Sie zeigt sich zur Unzeit, sie lispelt und lallt, sie verplappert sich, sie hat ihren eigenen Kopf. Wenn es eines Beweises für das Diktum von Sigmund Freud bedürfte, dass »*das Ich nicht Herr sei in seinem eigenen Haus*«: Die Zunge wäre der beste Beweis. Sie ist der Untermieter, dem die Hausordnung egal ist, den man aber auch nicht vor die Tür setzen kann.

Das Wissen um diese merkwürdige Independenz der Zunge ist alt: Redewendungen wie *Hüte deine Zunge!* oder *Ich könnte mir die Zunge abbeißen!* (wenn diese, allen Warnungen zum Trotz, doch etwas fahrlässig ausgeplaudert hat) zeigen, dass wir dem Organ, das doch so zentral ist für unsere Identität, unsere Selbstdarstellung und Weltbeziehung, nicht recht über den Weg trauen. Die Zunge, könnte man sagen, ist uns das Eigenste und Fernste zugleich. Sie ist ein ambivalenter Fremd-Körper, ein Teil unseres Selbst und gleichzeitig ein eigenständiges Wesen: unberechenbar und schlüpfrig wie die Schlange, die bekanntermaßen *eine gespaltene Zunge hat.*

Womöglich fällt dieses Misstrauen heute – in einer Zeit, in der wir uns immer weniger als selbstwirksam erfahren, angesichts einer zunehmend komplexen und epistemisch zersplitterten Wirklichkeit – auf besonders fruchtbaren Boden. Die Machtlosigkeit, die wir gegenüber unserer Zunge empfinden, versinnbildlicht im Kleinen den Mangel an Einfluss, den wir im nationalen und erst recht globalen Maßstab in Bezug auf politische, ökonomische und ökologische Prozesse erfahren. Die Philosophie kennt für dieses Gefühl der Überwältigung den Begriff des Erhabenen; in der Regel ist es mit großen Phänomenen wie den Bergen oder dem Meer assoziiert. Im Vergleich zu den Alpen mag die Zunge zwar klein sein – doch auch sie führt uns unsere Impotenz immer wieder, mit jedem Lispler und Freud'schen Versprecher, unbarmherzig vor Augen. Sie verkörpert das *orale Erhabene.* Die Zunge ist das Überwältigende, das Unfassbare im eigenen Mund.

Zugleich weist sie uns unerbittlich auf unsere phylogenetischen Wurzeln hin. Bereits der *Australopithecus,* ein früher Vorläufer des Menschen, hatte, als er sich vor dreieinhalb Millionen Jahren auf die Hinterbeine stellte, eine Zunge im Mund. Selbst jener urtümliche Fleischflosser, der vor circa 365 Millionen Jahren als erstes Wirbeltier seinen Körper ins Trockene brachte und damit den entscheidenden evolutionären Schritt vom Wasser zum Landleben vollzog, dürfte bereits über einen u-förmigen Knochen im Unterkiefer verfügt haben, aus dem sich im Lauf der folgenden Jahrmillionen das sogenannte Zungenbein und schließlich die Zunge entwickelte. Ihre Entstehung ist vermutlich eine direkte Reaktion auf die veränderten Ernährungsbedingungen an Land. Nicht nur der sprachbegabte *Homo sapiens,* auch etliche andere Wirbeltierarten besitzen daher eine Zunge.

Das bedeutet: Diesem Organ haftet, ganz wertneutral gesprochen, etwas zutiefst *Animalisches* an. Es verbindet uns anatomisch mit dem Tierreich, mit sabbernden Hofhunden, Fliegen fangenden Fröschen oder Katzen, die mit der Zunge das kotverschmierte Fell ihres Nachwuchses saubermachen. Durch ihre schiere Existenz verweist die Zunge auf die grundlegendsten Bedürfnisse des saugenden, kauenden, verdauenden Körpers; Eigenschaften, die wir mit etlichen anderen Lebewesen teilen. Wenn einem Menschen die Zunge heraushängt, wird dies entsprechend meist als Zeichen *tierischen Durstes* oder *bestialischer Geilheit* interpretiert. Man betrachte in diesem Zusammenhang Jim Carrey in der Filmkomödie *Die Maske,* dem beim Anblick einer attraktiven Blondine die Zunge ellenlang aus dem Mund schlackert.

Für die längste Zeit der abendländischen Geschichte galten solche Gemeinsamkeiten zwischen Mensch und Tier als Kränkung des stolz auf zwei Beinen einherschreitenden Subjekts. Erst mit der Evolutionstheorie von Charles Darwin setzte sich allmählich die Erkenntnis durch, dass wir genealogisch mit anderen, nichtmenschlichen Zungenträgern verwandt sind. Und noch einmal weit über hundert Jahre später, mit der jungen akademischen Disziplin der Human-Animal Studies, fand der Gedanke flächendeckende Verbreitung, dass wir von anderen Tierarten gar nicht kategorial verschieden, sondern nur etwas höher begabte Säugetiere sind: Trockennasenprimaten mit Haarausfall. Die Zunge ist jenes Organ, das uns wie eine Nabelschnur sowohl mit der eigenen Evolutionsgeschichte als auch mit etlichen anderen Arten verbindet. Sie ist fleischgewordene Speziesismus-Kritik.

Am vielleicht offensichtlichsten ist dieser Wille zur Wesensverwandtschaft bei Menschen zu sehen, die sich einer zeitgenössischen Körpermodifikation, dem sogenannten *tongue splitting* unterzogen haben: Hierbei wird die Zunge entlang der Medianlinie mit einem Skalpell oder Laser aufgetrennt, bis zwei separate Zungenspitzen entstanden sind, die mit etwas Übung unabhängig voneinander bewegt werden können. Einer der bekanntesten Vertreter dieses Eingriffs ist Erik »The Lizardman« Sprague, ein US-amerikanischer Philosoph und Extremperformer, der nicht nur über eine gegabelte Zunge verfügt – sein Körper ist auch von Kopf bis Fuß mit einem an die Panzerhaut eines Reptils gemahnenden Schuppenmustertattoo bedeckt. Erklärtes Ziel von Spragues Metamorphose ist, die Grenzen des Menschlichen so weit zu dehnen, bis sie brüchig werden, das Konzept unserer Spezies ins Schlingern gerät. Wie viele Körperteile kann man verändern, färben, bearbeiten, austauschen, bis man den Bereich des Humanen verlässt und zu einer anderen Art wird? Wo hört der Mensch auf, und wo fängt das Kriechtier an? Sind wir nicht alle ein bisschen Schlange?

Sprich mit ihr Bei allen Gemeinsamkeiten lässt sich festhalten: In zweierlei Hinsicht ist die menschliche Zunge einzigartig und von den Oralorganen anderer Tiere grundsätzlich verschieden. Zum einen ist sie zu komplizierten Verrenkungen, Verschlingungen, Beleckungen und Begegnungen mit ihresgleichen fähig: zu Zungenküssen, die zwar für Unbeteiligte durchaus animalisch anmuten mögen, aber doch ein Alleinstellungsmerkmal des Menschen sind. Und zum anderen dient sie zur Artikulation differenzierter symbolischer Lautfolgen, das heißt: zu sprachlichen Äußerungen.

Nicht von ungefähr bedeutet das lateinische Wort *lingua* (wie schon das altgriechische γλῶσσα) sowohl ›Zunge‹ als auch ›Sprache‹: ein Doppelsinn, der bis heute in etlichen, vor allem romanischen Sprachen fortlebt, sei es im französischen *langue*, im spanischen *lengua*, im italienischen *lingua*, im rumänischen *limbă* oder dem Esperanto-Wort *lingvaĵo*. Auch das Deutsche bewahrt noch diese beiden Bedeutungen, allerdings in etwas angegraut wirkenden Redewendungen: *Ein Dichter deutscher Zunge* hat natürlich kein schwarz-rot-gold gefärbtes Muskelpaket im Mund, sondern schreibt und spricht, ungeachtet seiner Herkunft, auf Deutsch. In diesem Sinn ist die Zunge eben nicht jenes Organ, das uns qua Gleichartigkeit mit der übrigen Fauna verbindet – sie ist, ganz im Gegenteil, ein untrügliches Signum des Menschseins, ein Körperteil, der uns radikal von nichtmenschlichen Tieren unterscheidet. Sie übersetzt Gedanken, Gefühle, Bedürfnisse in konventionalisierte Lautfolgen, überträgt diese nach außen und ermöglicht so die Kommunikation mit anderen Menschen – und zwar in einer klanglichen Differenziertheit sowie auf einem Abstraktionsniveau, das für andere Spezies (Pardon, liebe Bonobos!) schlicht unerreichbar ist. Allenfalls künstliche Intelligenzen können dem Menschen im Hinblick auf seine Sprachkompetenz das Wasser reichen.

Womöglich trägt auch dieser Aspekt – dass wir mit unseren technischen Geräten und Gadgets nicht mehr taktil, sondern zunehmend über gesprochene Sprache interagieren – zu einem gesteigerten Interesse an der Zunge bei. »Sprechen ist das neue Tippen« lautet ein aktueller Slogan des Internet-Giganten Google: Wir diktieren unsere Kurznachrichten immer häufiger ins Mobiltelefon, anstatt sie händisch einzugeben, wir lassen Texte von der Spracherkennungsfunktion unseres Computers erfassen, führen Kundengespräche mit künstlichen Intelligenzen, bestellen unsere Einkäufe im Internet über den Sprachassistenten, und die Bedienung von Stereoanlage, Kühlschrank, Deckenbeleuchtung, Jalousie und Heizung erfolgt im volldigitalisierten Smart Home ohnehin schon längst über verbal formulierte Befehle. *Alexa, fahr den Wagen vor. Siri, mach dir einen schönen Abend.*

Kurz und ergreifend: Die Finger, die noch vor wenigen Jahren für das Bedienen von Touchscreens, Tastaturen, Knöpfen, Reglern, Steuerrädchen und Schalthebeln unentbehrlich waren, verlieren an Bedeutung – ihre Aufgaben übernimmt peu à peu die Zunge. Man könnte mithin, in Anlehnung an den Begriff des *linguistic turn,* formulieren: Wir erleben gerade einen *glossal turn.* Eine kolossale glossale Wende.

Aber: Trotz all dieser Gründe, die für ein gesteigertes Interesse an der Zunge sprechen, umgeben dieses Organ immer noch etliche Tabus. Die Zunge mag in aller Munde sein – es ist aber beileibe noch nicht alles über sie gesagt, sie bleibt ein hinter den Zähnen verschanztes, feucht schillerndes Geheimnis. Dabei könnte uns die Zunge, oder vielmehr der Umgang mit ihr, weit mehr über die Gegenwart verraten als jedes andere Organ. Gerade aufgrund ihres wechselhaften Wesens, gerade weil sie zwischen der Innen- und der Außenwelt vermittelt, die Sphäre des Öffentlichen wie des Privaten berührt, animalische und humane Eigenschaften hat, kristallisieren sich an ihr einige der wichtigsten Diskurse und Fragen unserer Zeit.

Wer darf dieses Körperteil wem, wann und in welchem Kontext zeigen? Was sagt die Konjunktur des Adjektivs *lecker* über unsere spätkapitalistische Gegenwart? Ist der Zungenkuss womöglich eine besonders zeitgemäße, da genderunabhängige Form der Sexualität? Warum erfährt das archaische Ritual der Zungenverstümmelung im gegenwärtigen politischen Diskurs eine solche Konjunktur? Wer spricht durch uns, wenn wir *in Zungen reden*, und wie beeinflusst dies unser modernes Autonomieverständnis? Inwieweit verkörpert der Geschmackssinn unsere prekäre gesellschaftliche Verfasstheit in einer epistemisch gespaltenen Medienwelt?

Und, bevor wir uns solch vertrackten Fragestellungen zuwenden: Was ist das überhaupt für ein seltsames, schlüpfriges, scheues Organ?

staunen

Have you a tongue in your head?
he said.

Samuel Beckett, *Molloy*

Ein versehentlicher Biss auf die Spitze, ein Pulen an einer losen Plombe, ein gedankenverlorenes Herumspielen am Schneidezahn, ein zufriedenes Schnalzen am Gaumen: Ja, da ist sie noch! Die Zunge. Fast hätte man vergessen, dass es sie gibt.

Bedenkt man, welch eminent wichtige Rolle die Zunge in unserem Leben spielt, ist nachgerade unbegreiflich, wie wenig Aufmerksamkeit wir ihr normalerweise schenken – ja, wie stark sie sich unserer bewussten sinnlichen Wahrnehmung entzieht. Im Alltag spüren wir sie zumeist nur dann, wenn sie verletzt ist, beziehungsweise dort, wo sie an ihre Grenzen stößt: an die Zähne, die Lippen, die Backentaschen oder den Gaumen. Obwohl sie nur wenige Zentimeter von unserer Nasenspitze entfernt ist, können wir sie nicht riechen. Sie dient uns zwar als Geschmacksorgan, wir können mit ihrer Hilfe das Aroma unseres Daumens, unserer Achselhöhle oder, wenn wir gelenkig genug sind, auch unseres großen Zehs erkunden – aber wie sie selbst schmeckt, entzieht sich unserer Wahrnehmung. Und wenn wir sie ganz weit herausstrecken und über die Nase nach unten schielen, können wir allenfalls einen schemenhaft-verzerrten Blick auf ihre Spitze erhaschen.

Zugegeben, wir können unsere Zunge im Spiegel betrachten – aber auch dann sehen wir allenfalls einen Ausschnitt, die

Oberseite, den Zungenrücken, eine schlüpfrige Bahn, die in unabsehbare Körpertiefen zu führen scheint – wo sie endet (oder besser: beginnt), sehen wir nicht. Lässt man den Blick zu lange auf seiner Zunge verweilen, könnte man sich im eigenen Leib verlieren. Der Rachen wird zum Abgrund, die Zunge zum Zeichen der Fremdheit.

Ähnliches gilt, ja, womöglich mehr noch, für die Organe unserer Mitmenschen: Wie sieht eigentlich die Zunge der Eltern, des Ehepartners, der Geliebten, des besten Freundes oder der eigenen Kinder aus? Die Form und Farbe der Augen wird den meisten Menschen bekannt sein, ebenso der Schwung der Nase, die Wölbung der Lippen und des Kinns, die Anordnung der Zähne, die Haarfarbe, bei intimen Bekannten außerdem besondere Kennzeichen wie Operationsnarben, Muttermale, Falten, Orangenhaut, Alterswarzen. Aber eine exakte Beschreibung der Zunge dürfte vielen schwerfallen. Ausgerechnet dieses so zentrale Sozialorgan, jener Körperteil, mit dem man spricht, sich streitet, wieder versöhnt und gegebenenfalls beim Zungenkuss vereinigt, bleibt seltsam abstrakt, anonym: eine verborgene Scharnierstelle im Schatten des Mundes.

»Have you a tongue in your head?« Es handelt sich bei dem eingangs zitierten Satz von Samuel Beckett um eine rhetorische Frage: Die Wendung bedeutet so viel wie *Bist du stumm?*, *Hat es dir die Sprache verschlagen?* oder *Hast du deine Zunge verschluckt?* Man könnte die Metapher aber auch beim Wort nehmen: *Hast du eine Zunge im Kopf?* In diesem Sinne spricht aus dem Satz eine enorme Unsicherheit, eine tiefgreifende Skepsis gegenüber diesem so rätselhaften wie faszinierenden Organ: Was verbirgt sich wirklich hinter unseren Lippen – und mehr noch hinter jenen unserer Mitmenschen?

Ab durch die Mitte Das Offensichtlichste zuerst: Wir haben nur eine Zunge. Im Gegensatz zu den meisten anderen Organen und Extremitäten unseres bilateral aufgebauten Körpers (Augen, Ohren, Brüste, Ovarien beziehungsweise Hoden, Arme und Beine, Nieren, Lungenflügel) ist sie ein Unikat. Diese Eigenschaft teilt die Zunge mit anderen symbolträchtigen Organen wie dem Nabel, dem Penis, der Vulva, dem Anus – unterscheidet sich von diesen aber darin, dass sie den Körper jederzeit verlassen und wieder in ihn zurückkehren kann. Ein absolutes Alleinstellungsmerkmal: Die Zunge ist innen und außen, *im* und *am* Körper zugleich.

Da sie sich als Einzelkämpferin in einem spiegelsymmetrischen System befindet, liegt die Zunge (auch darin Nase, Nabel, Anus etc. gleich) exakt auf der Medianlinie des Körpers, jener Achse also, die unseren Leib in eine linke und rechte Hälfte teilt. Die Zunge hebt diese Trennung zwar auf, trägt deren Spuren aber noch deutlich sichtbar auf ihrem Rücken, sie zerfällt nämlich ihrerseits in zwei spiegelsymmetrische Hälften, in deren Mitte sich eine senkrechte Vertiefung, die sogenannte mittlere Zungenfurche, befindet. Schon kleine Kinder fügen, wenn sie ein freches Gesicht zeichnen, der herausgestreckten Zunge dieses anatomische Kennzeichen hinzu: ein waagerechter Querstrich, darunter ein Halbkreis, zum Schluss eine Linie, die diesen von oben nach unten durchschneidet – das ist die wohl gängigste ikonische Darstellung einer herausgestreckten Zunge.

Zoomt man etwas näher heran, ergibt sich ein weitaus komplexeres Bild. So zerfällt die Zunge nicht nur in eine linke und eine rechte Hälfte, sondern lässt sich auch der Länge nach in zwei Bereiche gliedern; auch diese sind von einer anatomischen Furche, dem sogenannten *Sulcus terminalis*, getrennt. Etwa ein Drittel der Zunge liegt hinter dieser Furche und wird, weil das Organ hier entspringt, als Zungenwurzel (*Radix linguae*) bezeichnet. Die anderen zwei Drittel – jener Teil, der auch von Nichtmedizinern gemeinhin als *Zunge* verstanden und umgangssprachlich so genannt wird – befinden sich vorne in der Mundhöhle. Es handelt sich hierbei um den Zungenkörper (*Corpus linguae*), der volumenmäßig den Löwenanteil des Organs ausmacht, sowie um den frei beweglichen und flexiblen Teil, wo die Seiten der Zunge mehr oder weniger pointiert zusammenlaufen. Auch bei Menschen, die sich nicht *spitzzüngig* auszudrücken pflegen, bezeichnet man diesen Bereich als *Apex linguae*, zu deutsch: als Zungenspitze.

Muskelprotz »Meine Zunge ist ein Muskel«, pflegte der Schriftsteller Wolfgang Herrndorf zu sagen und meinte damit seine leidenschaftliche Verachtung für allen kulinarischen Firlefanz. Tatsächlich handelt es sich bei der Zunge nicht bloß um *einen* Muskel, sondern um ein ganzes Muskelpaket, ein Gewebe von Binnenmuskeln, die sowohl in sagittaler als auch in transversaler sowie in vertikaler Richtung verlaufen. Vereinfacht gesagt: Vier Muskeln durchziehen die Zunge von hinten nach vorne, ein Muskel verläuft in Links-rechts-Richtung und ein weiterer von oben nach unten.

Dank dieser muskulären Dreidimensionalität ist die Zunge das beweglichste Organ des menschlichen Körpers (wenn auch nicht, wie bisweilen behauptet wird, das stärkste). Der Begründer der Gastrosophie, der französische Feinschmecker Jean Anthelme Brillat-Savarin, identifizierte bereits vor 200 Jahren drei verschiedene Bewegungen, zu denen ausschließlich die menschliche Zunge in der Lage sei, und die er als *Spication, Rotation* und *Verrition* (vom lateinischen Wort *verrere*, ›kehren, fegen‹) bezeichnete:

Bei der ersten Bewegung drängt sich die Zunge wie ein Aehrenkolben (*spica*) durch die geschlossenen Lippen; bei der zweiten bewegt sich die Zunge radförmig (*rota*) in dem Raume zwischen den Wangen und dem Gaumen, bei der dritten krümmt sich die Zunge nach oben und unten und kehrt die Theile zusammen, welche in dem halbkreisförmigen Canale zwischen den Lippen und dem Zahnfleische bleiben.

Eine Sehnenplatte überträgt die von dieser Binnenmuskulatur bewirkten Bewegungen auf die Schleimhaut des Zungenrückens – hier befinden sich, auch bei den größten Kostverächtern, die sogenannten Papillen: warzenförmige Ausstülpungen der Haut, die teilweise mit bloßem Auge erkennbar und für die sinnliche Wahrnehmung zuständig sind. Sie geben der Zungenoberfläche ihr typisches, zwischen Krötenhaut und nass gewordenem Schmirgelpapier changierendes Aussehen.

Ein weiterer Zoom vom Makro- ins Mikroskopische, vom Sichtbaren ins Unsichtbare: Die Papillen enthalten winzige Geschmacks*knospen*, die ihrerseits die eigentlichen Geschmacks*sinneszellen* enthalten. Diese können insgesamt fünf (neueren Schätzungen zufolge sogar sechs oder sieben) verschiedene Qualitäten unterscheiden. Neben den allgemein bekannten Hauptgeschmacksrichtungen *süß*, *sauer*, *salzig* und *bitter* ist dies die erst Anfang des 20. Jahrhunderts entdeckte Geschmacksrichtung *umami*: ein japanischer Begriff, der sich am besten als ›herzhaft‹ umschreiben lässt und in Würzmitteln wie Sojasauce oder Maggi idealtypisch verkörpert ist. Zudem gibt es möglicherweise Rezeptoren für die Eigenschaften *fettig* und *wässrig*. (Dass die Anzahl nach wie vor umstritten ist, spricht Bände über unsere Zungen-Agnostik.) Jede Geschmacksknospe ist auf einen bestimmten Reiz spezialisiert – da aber die meisten Papillen mit unterschiedlichen Arten von Knospen besetzt sind, kann ein und dieselbe Papille häufig unterschiedliche Aromen wahrnehmen. Dennoch gibt es gewisse Häufungen: Während die Papillen in der Zungenmitte prinzipiell offen für alles sind, werden saure und salzige Speisen etwas stärker von jenen am äußeren Rand wahrgenommen und bittere im hinteren Bereich, am Übergang zur Zungenwurzel.

Bittere Papillen Insgesamt lassen sich vier verschiedene Arten von Papillen unterscheiden. An der Zungenspitze sowie den Rändern des Zungenrückens befinden sich die sogenannten *Papillae fungiformes:* Sie ähneln, wie der lateinische Name nahelegt, den Hüten winziger Pilze und sind neben der Geschmackswahrnehmung auch für die Temperaturempfindung und den Tastsinn verantwortlich – klar: Bevor man sich etwas *auf der Zunge zergehen lässt* oder gar herunterschluckt, tut man gut daran, durch behutsames Tasten mit der Spitze sicherzustellen, dass es nicht zu heiß, zu kalt, zu scharf, zu spitz oder in anderer Weise gefährlich ist.

Zwischen den Pilzpapillen sowie über den ganzen Zungenrücken verteilt befinden sich die Fadenpapillen (*Papillae filiformes*), die ausschließlich für den Tastsinn verantwortlich sind: Aufgrund ihrer geringen Größe – die maximale Höhe beträgt einen halben Millimeter – sind sie mit bloßem Auge eher als pelzige Oberfläche denn als Ansammlung einzelner Fäden sichtbar, doch auch sie tragen ihren Namen zu Recht: Ihre Enden laufen in winzigen, verhornten, fadenförmigen Spitzen aus, die jeden Zug oder Druck, der auf die Zunge einwirkt, an das Bindegewebe und von dort an das Nervensystem weitergeben. Selbst winzige Teilchen und Unebenheiten können daher von der Zunge in mehr als eineinhalbfacher Vergrößerung wahrge-nommen werden.

Ganz hinten auf dem Zungenrücken befinden sich schließ-lich die sogenannten Blätterpapillen sowie die Wallpapillen (*Papillae foliatae* beziehungsweise *vallatae*). Erstere siedeln eher am Zungenrand, letztere parallel zu der beschriebenen Querfurche, die den Zungenkörper von der Wurzel trennt: Die Wallpapillen bilden also den Abschluss der Papillenbesiedlung in Richtung Rachen. Zudem sind sie jeweils von einem Graben umgeben, der ihnen tatsächlich die Anmutung eines zerklüfte-ten Burgwalls verleiht.

Auch die Wall- und die Blätterpapillen sind an der Tem-peratur- sowie an der Geschmackswahrnehmung beteiligt, da-bei aber vor allem auf Bitterstoffe spezialisiert. In diesem Sinn markieren sie gewissermaßen die ›letzte Grenze‹, eine Art anti-toxischen Schutzwall. Bevor eine bittere – und damit mögli-cherweise giftige – Speise die Schwelle zum Rachen passiert, können die Papillen einen neuronalen Notruf auslösen und so dafür sorgen, dass der Fremdkörper schleunigst wieder nach draußen befördert wird: Bis hierher und nicht weiter.

Abgründig Auch gedanklich verläuft entlang der Wallpapil-len, an der Grenze zwischen Zungenkörper und -wurzel, eine Schwelle: Überschreitet man sie, begibt man sich ins sprich-wörtliche Herz der Finsternis – oder immerhin ins Dunkel des eigenen Leibes. Der Blick durch den Mund ins Körperinnere birgt etwas zutiefst Verunsicherndes. Die visuelle Wahrneh-mung (und parallel dazu die Vorstellungskraft) verliert sich ra-pide im hinteren Rachenraum: Wo führt dieser abschüssige rote Fleischlappen eigentlich hin? Wie weit reicht er hinab, und welche Veränderungen durchläuft er dabei? Beginnt auf der Zunge nicht bereits die Verdauung, ist sie nicht unmittelbar mit dem Anus verbunden?

Noch verstörender dürfte sein, dass das Innere des menschlichen Körpers schon seit Jahrtausenden als Homologon zur Unterwelt gilt. Der Leib entspricht in dieser Gleichung, als Mikrokosmos, dem Erdball. Unter seiner Oberfläche lauern die Verdauung, die Zersetzung, in metaphysischer Hinsicht: die Flammen der Verdammnis. Der Mundraum schließlich gleicht dem Höllenrachen als Eingangstor zu diesem Schreckensreich, wobei die Zunge wie ein feuerroter Teppich fungiert, der ausgerollt wird, um die Sünder in den endzeitlichen Abgrund rutschen zu lassen.

In der jüdisch-christlichen Tradition geht diese Vorstellung vom Körperinneren als Höllenpfuhl auf den Propheten Jesaja zurück: »Daher hat das Totenreich den Schlund weit aufgesperrt und den Rachen aufgetan ohne Maß, daß hinunterfährt, was da prangt und lärmt, alle Übermütigen und Fröhlichen«, heißt es in Jes 5,14. Das Motiv verbreitete sich, wie die Kunsthistoriker Horst Bredekamp und Kolja Thurner schreiben, seit dem 11. Jahrhundert in ganz Europa, »von Gebetbuchillustrationen über die Weltgerichtsdarstellungen der Kirchenportale bis hin zu spätmittelalterlichen Requisiten in Passionsspielen«. Meist sind es Raubtiere, Reptilien oder groteske Fabelwesen, die auf diesen Darstellungen den Sündern die Zunge herausstrecken, sie darin einrollen und verschlingen – aber es bedarf keiner allzu überbordenden Phantasie, um die allegorische Transferleistung vom Bestienmaul zur eigenen Körperöffnung zu machen: *Lasciate ogni speranza, voi ch'entrate.*

Stellvertretend für etliche Verarbeitungen dieses Motivs kann ein Holzschnitt des Straßburger Meisters Johannes Wechtlin vom Anfang des 16. Jahrhunderts stehen (Abb. 3). Unter der

Überschrift »Von der pein ewiger verdamnüss« sehen wir das warzige Antlitz einer Bestie. Sie ist gerade im Begriff, ein gutes Dutzend nackter Menschen zu verschlingen, ihr weit aufgerissenes Maul nimmt über die Hälfte des Blattes ein, Flammen schwappen daraus hervor, sie züngeln begierig in die Höhe. Ein grinsender Dämon steht zwischen den Sündern, rafft seine Beute mit weit ausgebreiteten Armen zusammen, ein weiterer Satansbraten am vorderen Bildrand stopft mithilfe einer Stabwaffe zwei Seelen, die gerade zu entkommen versuchen, zurück in die Verdammnis. Im Zentrum des Bildes aber steht die Zunge des Monsters: Sie ist triumphal nach oben gereckt, deutlich sind die Pilzpapillen am vorderen Zungenrand zu erkennen, ebenso das *Septum linguae* auf der Zungenunterseite. Wie eine gewaltige Brandmauer blockiert sie den Ausgang, drängt die armen Sünder nach hinten in den Drachenrachen und von dort immer weiter ins infernalische Gastralsystem, in den feurigen Schlund, in den Abgrund. Pfui Zunge.

Die Zunge, das illustriert nicht nur dieser frühneuzeitliche Holzschnitt, ist ein Paradoxon. Sie ist ein integraler Bestandteil unserer Physis – sie weist aber zugleich, als wahrhaft meta-physisches Organ, bereits ins Jenseits. Sie steht mitten im Leben – symbolisiert aber vollmundig den Tod. Vor allem aber gilt sie, obwohl sie doch zum Lecken, Schmecken, Schlecken und Schlucken dient, merkwürdigerweise als ekelhaft.

Das Berühren oder Belecken anderer Menschen wird außerhalb intimer Kontexte allgemein als anstößig empfunden. Auch bei der Nahrungsaufnahme soll die Zunge sich nach Möglichkeit akustisch zurückhalten (*Schlürf nicht so!*). Und ihr Verzehr ist – selbst wenn sie von einer anderen Spezies, in der Regel einem Rind, stammt – beileibe nicht jedermanns Sache. Weshalb aber ist ausgerechnet jenes Organ, das sich in unserem Mund befindet, so schlecht beleumundet? Warum gilt, was wir zum

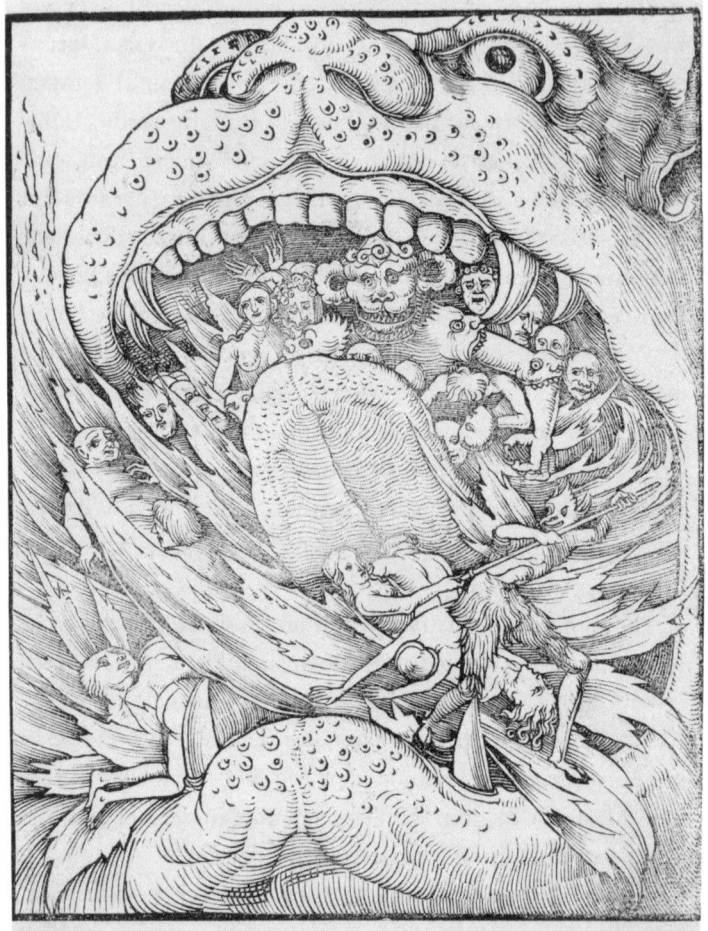

Ober: Jesu Christe/der du als ein strenger vnd gerechter richter der arme sündige seele so sich
von dir ist abwerffen/ein vnendtliche hellische straff verordnet hast bey Lucifero vnd ander
en sein mit verstossene geiste vnd verdampten: Jch bitt dich/verlyß mir ein verdienstlich lebe
ßie in zeit der gnaden also füren/dz ich teilhafft deins bittere sterben/entrinnen mög solicher
grausame straff durch die grundtlose barmhertzigkeit deiner almechtigen gnaden: Amen.

3 Johannes Wechtlin, *Von der pein ewiger verdamnüss*, Holzschnitt
(ca. 1501–26)

gustatorischen Genuss gebrauchen, als widerwärtig? Drei Aspekte scheinen hier relevant zu sein, ja, sie scheinen nicht nur: sie schillern.

Sprühregen Erstens: Die Zunge ist schleimig. Kein Wunder, schließlich befinden sich unmittelbar unterhalb ihres Körpers zwei zentrale Schleimproduktionsstätten, die Unterzungenspeicheldrüse sowie die Unterkieferspeicheldrüse, die über eine gemeinsame Öffnung am Zungenbändchen entleert werden; diese befindet sich in der sogenannten Hungerwarze, einer etwa erbsengroßen Papille in der Nähe des Mundbodens. Das muköse Sekret, das hier austritt, dient einerseits der Befeuchtung des Mundraums und macht damit das Sprechen, Schmecken und Schlucken geschmeidig: Wenn sie nicht mit Speichel getränkt und von der Zunge durchwalkt würden, wären viele Speisen eine ungenießbare, brottrockene Substanz. Andererseits enthält der Speichel ein Enzym, das die in der Nahrung enthaltenen Kohlenhydrate in ihre Bestandteile aufspaltet, mit dem Einspeicheln beginnt der Verdauungsvorgang. Gerade hierin liegt aber auch ein nicht unbeträchtliches Ekelpotenzial: Wer einem anderen Menschen seine schleimüberzogene Zunge zeigt, wer ihn womöglich sogar gegen seinen Willen mit Spucke benetzt, signalisiert dadurch, dass er ihn fressen, verdauen, sich einverleiben könnte.

Zugleich gemahnt der Speichel – wie jede schleimige Substanz, die unser Körper absondert – an jenen undifferenzierten Zustand, aus dem wir uns einst als Neugeborene gelöst haben und in den wir nach unserem Ableben wieder zurückkehren werden. Das Ekelhafte, schreibt die Philosophin und Psychoanalytikerin Julia Kristeva, erschüttert »die Grenzen von innen und außen, von fest und flüssig, von ›propre‹ und ›impropre‹«. Es erinnert uns auf schmerzhafte Weise daran, dass wir nur vorübergehend eine feste, von trockener Haut umspannte, von der Umwelt abgegrenzte körperliche Form haben – und dass wir uns eines Tages wieder in eine amorphe Masse zurückverwandeln werden. Denn Schleim bist du, und zum Schleim wirst du zurückkehren.

Zu Hochzeiten der antiautoritären, trotzigen, ja im Wortsinn *rotzigen* Punk-Bewegung Mitte der 1970er Jahre kam es entsprechend, wie der Sex-Pistols-Schlagzeuger Paul Cook berichtet, zu wahren Spuckorgien zwischen Publikum und Musikern: »Ich saß immer ganz hinten, deshalb konnte ich versuchen, der Spucke auszuweichen. Manchmal kam sie an mir vorbeigeflogen und, zack! klatschte die Farbe von der Wand. Ziemlich eklig, wenn man darüber nachdenkt.« Doch nicht nur im Punk, auch im braven Bürgertum ist die Geste gebräuchlich: So wurde 2009 ein Mann vom Bundesgerichtshof wegen tätlicher Beleidigung verurteilt, nachdem er einem Mitarbeiter des Ordnungsamts vorsätzlich ins Gesicht gespuckt hatte. Der Angeklagte zeigte »seine Missachtung dadurch, dass er ein einem starken Ausatmen mit nahezu geschlossenem Mund ähnliches Geräusch machte, wodurch (…) Speichel in Form einer Art ›Sprühregens‹ aus etwa 20 cm Abstand im Gesicht des Zeugen auftraf«, heißt es in der Urteilsbegründung. »Dieses Verhalten stellt eine unmittelbar spürbare körperliche Einwirkung auf das Opfer dar, aus der sich zugleich dessen Geringschätzung ergibt.«

Laubfrosch ... Hinzu kommt, zweitens: Die Schlüpfrigkeit der Zunge äußert sich nicht nur im Schleim, den sie von sich gibt, sondern im Wesen und Wirken des gesamten Organs. Ihre bemerkenswerte Fähigkeit, den Körper durch die Mundöffnung verlassen und blitzschnell wieder in ihn zurückschlüpfen zu können, ist nämlich nicht nur beeindruckend, sondern auch ekelerregend – eben weil sie (ähnlich wie der Speichel) die Integrität des menschlichen Körpers infrage stellt und dadurch unserem Bedürfnis nach klaren Konturen und Kategorien widerspricht.

»Ekelhaft ist das Chaotische, hinsichtlich Identität (…) weder Entschiedene noch in Entscheidung Befindliche«, schreibt der Phänomenologe Hermann Schmitz. Er meint damit eigentlich unsere Exkremente, die Charakterisierung trifft aber auch auf unsere Zunge zu: Sie ist ein liminaler Körperteil, eine Grenzgängerin, inneres Organ und Extremität zugleich. In Blitzesschnelle kann sie ihre Position und Form ändern, kann eine Spitze formen oder sich breit machen, kann kindlich-frech herausgestreckt oder lasziv in den Mundwinkel gesteckt werden, kann debil sabbern oder gelehrte Reden formulieren, kann sich der geneigten Weltöffentlichkeit präsentieren und umgehend wieder im Privatissimum verschwinden.

Zu knapp zehn Bewegungen pro Sekunde ist die Zungenspitze in der Lage: Damit ist sie deutlich wendiger als jeder andere Teil des menschlichen Artikulationsapparats. Wer schon einmal versucht hat, dieses Organ spielerisch zu erhaschen, es in die Finger zu kriegen, der weiß, dass es sich schneller entwindet als ein Laubfrosch. Die Zunge ist, im eigentlichen wie im metaphorischen Sinne, einfach *nicht zu fassen*.

... und Nacktschnecke Ein dritter Grund, der unseren Ekel vor der Zunge erklären mag: *Sie hat keine Struktur.* Zugegeben, unterhalb ihrer Wurzel, am Übergang vom Mundboden zum Hals, befindet sich das sogenannte *Zungenbein* – aber ihr eigentlicher Körper verfügt über keinerlei Knochen oder Knorpel, obwohl er doch deutlich größer ist als beispielsweise ein Finger oder gar eine Zehe. Aufgrund dieser Tatsache kann sich die Zunge sehr flexibel bewegen, mit ihrer Spitze noch so entlegene Winkel des Mundraums, bei manchen sogar die Nasenspitze erreichen – diese Bein-Freiheit bedeutet aber auch: Die Zunge hat ›kein Rückgrat‹, kein verlässliches anatomisches Gerüst, wie wir es von anderen Extremitäten kennen.

Zusammenfassend kann man also sagen: Die Zunge ist nicht nur oberflächenfeucht und ontologisch schlüpfrig, sondern von ihrer gesamten Grundstruktur her instabil, unzuverlässig, ohne Mark und Bein. Mit diesem Bündel an Eigenschaften steht sie innerhalb der menschlichen Anatomie ziemlich allein da – sie ähnelt damit eher einem wirbellosen Weichtier, etwa einem Wurm oder einer Nacktschnecke: Tiere, die ebenfalls (und aus ähnlichen Gründen wie die Zunge) als ekelerregend gelten. Diese Parallele wird etwa in Klaus Cäsar Zehrers Roman *Das Genie* explizit gemacht, der das Leben des amerikanischen Wunderkinds William James Sidis nachzeichnet. Sidis war, im wahren Leben wie im Roman, ein mathematisch Hochbegabter, aber im sozialen Umgang eher unterqualifiziert: Als er zum ersten Mal in seinem Leben eine Frau zu küssen versucht, und das auch noch mit Zunge, misslingt ihm dies folgerichtig gründlich. »Und er stand auf und ergriff Martha am Handgelenk und zog sie hinter sich her, hinein ins goldbronzen schimmernde Halbdunkel der Passage«, imaginiert Zehrer diese Szene: »Und er packte sie an den Hüften und stemmte sie hoch und drückte sie an die Wand und biss ihr auf die Lippen und schlug seine Zähne auf ihre. Und seine Zunge kroch in ihrer Mundhöhle herum wie eine Nacktschnecke.«

Das Bild ist unmittelbar einleuchtend, die Parallele offensichtlich: Der Vergleich zwischen dem Mundorgan und der Molluske verdoppelt den Ekel, der ohnehin von der Zunge ausgeht. Die Reaktion der dergestalt sexuell bedrängten Martha ist darum wenig überraschend. Sie entfernt zunächst das schleimige Ding aus ihrem Rachen und dann den unbeholfen-aufdringlichen Halter des Kriechtiers, sowohl von ihrem Leib als auch aus ihrem Leben. Wer wie William James Sidis dem Ekelpotenzial der Zunge derart Vorschub leistet, darf nicht auf Gegenliebe hoffen.

Raspeln, Rupfen, Schnattern Auch Nacktschnecken haben übrigens eine Zunge, eine sogenannte *Radula* oder Raspelzunge, mit deren Hilfe sie Nahrung von der Landschaft schaben, zerkleinern und in ihren Schlund befördern. Fast alle landlebenden Wirbeltierarten, aber eben auch wirbellose Wesen wie Schnecken und etliche andere Mollusken verfügen über ein vergleichbares Organ. Sogar Insekten, zum Beispiel die Honigbiene, haben an der Spitze ihrer Unterlippe einen als *glossa* bezeichneten Anhang, mit dem sie den Nektar aus den Blütenkelchen lecken.

Allerdings unterscheiden sich diese Zungen in Form und Funktion oft extrem von dem gleichnamigen menschlichen Organ. Bei Rindern etwa ist die Zunge ein wulstiges Muskelpaket, mit dem die Tiere Halme büschelweise packen und abrupfen; wer schon einmal seine Hand von einem Rind hat abschlecken lassen, kann die gewaltigen Kräfte erahnen, die in diesem Organ wohnen. Bei Hunden dient die Zunge neben dem Ablecken des Gesichtes von Herrchen oder Frauchen nicht zuletzt der Regulierung der Körpertemperatur: Da sie über keine Schweißdrüsen auf der Haut verfügen, schwitzen Hunde hechelnd über die Zunge. Hauskatzen benutzen ihre feinkörnigen Schmirgelpapierzungen zur Fellpflege, während Raubkatzen mit den verhornten Papillen ihrer Zunge das Fleisch von den Knochen ihrer Beute schreddern.

Ameisenbären haben bis zu sechzig Zentimeter lange, mit klebrigem Speichel bedeckte Leckorgane, die sie in den Bauten ihrer Opfer versenken: Diese bleiben daran haften wie Insekten an einem Fliegenpapier. Spechte verfügen ebenfalls über eine ausnehmend lange und dünne Zunge, mit ihrer Hilfe spießen sie in Baumlöchern lungernde Beute auf. Kolibris haben eine seitlich aufgerollte Röhrenzunge, durch die sie Nektar saugen wie durch einen Strohhalm. Enten wiederum verfügen über eine sogenannte Stempelzunge, mit der sie Wasser durch die Lamellen ihrer oberen Schnabelhälfte drücken und die darin enthaltenen Nahrungspartikel herausfiltern – dabei entsteht, als akustische Nebenwirkung, das markante Schnattern.

Ein weiterer Blick in den Tümpel, zu den Fischen und Amphibien. Die Haut vieler Welse ist vom Kopf bis zur Schwanzflosse mit chemischen Rezeptorzellen besteckt, was ihren Körper zu einem einzigen großen Geschmacksorgan macht: »Welsartige«, so die Geschmacksforscherin Kate Rawson, »sind im Grunde schwimmende Zungen.« Die Organe der meisten Froschlurche sind vergleichsweise klein, können aber zum Jagen vorbeifliegender Insekten blitzschnell ausgeklappt werden. Die Darstellung eines grinsenden Teichfroschs, der auf diese Weise eine Fliege aus der Luft angelt, findet sich in jedem humoristischen Kinderbuch.

Auch Reptilien, beispielsweise Chamäleons, können zu diesem Zweck ihre Zunge herausschleudern; bei Bedarf pressen sie zusätzlich Blut in das Organ, um es zu vergrößern. Schlangen und Eidechsen schließlich verwenden ihre Zungen vor allem als olfaktorische Organe, also zum Aufspüren von Beute oder geschlechtsreifen Partnern: Beim sprichwörtlichen *Züngeln* bleiben in der Luft enthaltene Geruchsmoleküle an der feuchten Oberfläche hängen – dann wird die Zunge in den Mund zurückgezogen und in das sogenannte Jacobson-Organ eingeführt, das sich in einer separaten Tasche der Mundhöhle befindet. Hier werden die in den Luftmolekülen enthaltenen Informationen weiterverarbeitet. Da Schlangen über eine *gespaltene Zunge* verfügen und auch das Jacobson-Organ paarig ausgebildet ist, kann das Reptil auf diese Weise die Richtung, aus der ein Aroma kommt, präzise bestimmen. Sssssssss.

La lingua della lingua Die hier umrissenen Unterschiede zwischen menschlichen und nichtmenschlichen Zungen treten besonders deutlich zutage, wenn man eine der Bildserien namens *la lingua della lingua* des in Berlin und Lugano arbeitenden Künstlers Anselmo Fox betrachtet (Abb. 4 und 5). Der italienische Titel ließe sich wahlweise als ›Die Sprache der Zunge‹ oder ›Die Zunge der Sprache‹ oder ›Die Zunge der Zunge‹ oder ›Die Sprache der Sprache‹ übersetzen: Verwirrungen und Verwechslungen sind also gewissermaßen vorprogrammiert.

Auch die in diesen Serien portraitierten Menschen scheinen etwas verwechselt zu haben. Sie sind nach Art eines kriminalpolizeilichen Fahndungskatalogs jeweils zweimal abgebildet, einmal frontal von vorn, einmal um 90 Grad gedreht von der Seite, vor neutralem Hintergrund, was den Fotos einen nüchtern-sachlichen, ja bürokratischen Charakter verleiht. Konterkariert wird diese formale Sprödigkeit aber durch eine nicht zu

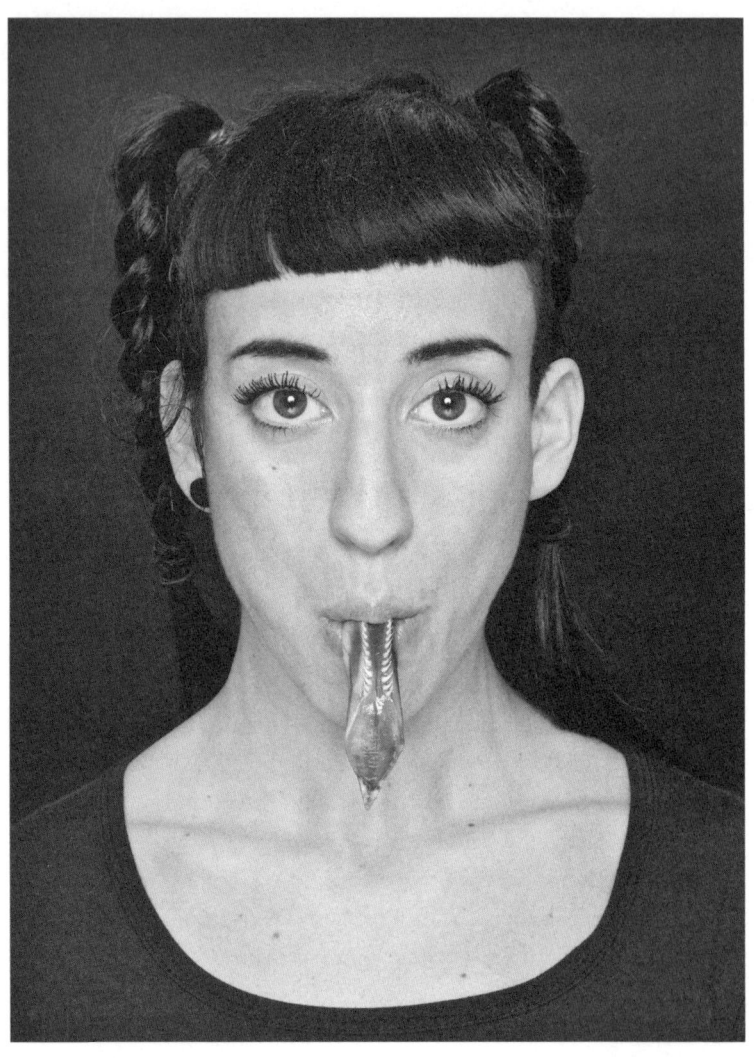

4 Anselmo Fox, Ohne Titel (Flamingozunge), aus der Serie *la lingua della lingua II* (Pigmentdruck, 2016)

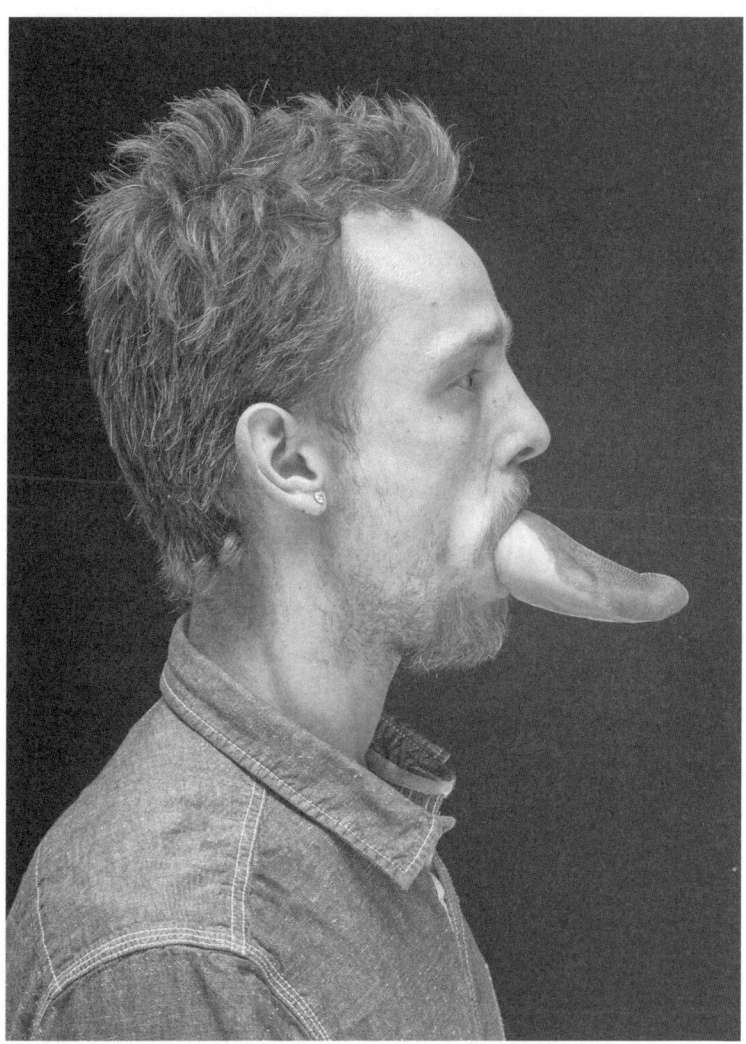

5 Anselmo Fox, Ohne Titel (Rinderzunge), aus der Serie *la lingua della lingua III* (C-Print, 2020)

ignorierende anatomische Besonderheit, Kennzeichen Z: Alle Portraitierten haben eine artfremde Zunge im Mund. Einem Mann hängt der wulstige Muskellappen einer Giraffe aus dem Mund. Eine Frau präsentiert, als wäre dies die selbstverständlichste Sache der Welt, die Zunge eines Flamingos. Auf weiteren Bildern sind die Zungen von Königsfisch, Python, Leopard und Schaf zu sehen, und zwar immer so, als handelte es sich um den ureigensten Körperteil des fotografierten Menschen: Die Zungenwurzel befindet sich unsichtbar in der Mundhöhle; der Zungenkörper lappt mittig über die Lippen, mal als ausladender Fleischteppich, mal als dezenter Zipfel.

Das formale Framing – Verbrecherkartei – sowie der mal ausdruckslos, mal resigniert wirkende Blick der Portraitierten legen nahe, dass es sich bei der fremden Zunge im Mund um eine bizarre Form der Bestrafung handeln könnte. *Was, du hast die Schnauze zu weit aufgerissen? Oder hast mit gespaltener Zunge gesprochen? Na gut, dann stopfen wir dir eben das Maul – und zwar mit ebenjenem Organ, mit dem du dich schuldig gemacht hast.* Die Tierzunge als Knebel. Oder wurde den Dargestellten die eigene Zunge entfernt und durch den tierischen Körperteil ersetzt? Haben sie eine einzige *lingua* im Mund oder zwei? Wie viele Zungen passen in einen Kopf?

Offene Fragen über offene Fragen, nur eines ist klar: Sprechen können die Portraitierten, ob sie nun verstümmelt sind oder ›nur‹ mit fremder Zunge geknebelt, sicher nicht mehr. Die Karteileichen von Anselmo Fox sind der ureigensten Fähigkeit und Funktion der menschlichen Zunge beraubt worden: Mit der Zunge eines Kalbs oder Kingfishs im Mund kann man keine Wörter artikulieren, und sei das Organ noch so fachmenschlich transplantiert worden. ›Die Zunge der Sprache‹? Zumindest diese Übersetzungsmöglichkeit für den Titel kann man getrost ausschließen.

Mahlzeit! Zu guter Letzt lösen die Fotos von *La lingua della lingua,* auch das lässt sich wohl verbindlich sagen, ein gewisses Ekelempfinden aus, oder wie es der Kulturtheoretiker Hartmut Böhme formuliert: ein Gefühl der »Widrigkeit«. Dieses Gefühl entstehe vor allem durch die »Gattungskreuzung, durch die Berührung zweier ebenso verwandter wie fremder, jedenfalls intimer Schleimhäute und schließlich durch die Begegnung von Lebendigem und Totem. Vegetarier wird es würgen; (…) in jedem Falle liegt die Assoziation an die Perversionen des Tier-Essens nahe«.

Nicht nur Vegetarier, ist man versucht hinzuzufügen: Unwillkürlich versetzt man sich als Betrachter in die Portraitierten hinein, imaginiert den Geschmack von rohem Muskelfleisch im Mund, die Textur und Temperatur eines erkalteten, papillenbesetzten Organs, stellt sich das so unwillkürliche wie unvermeidliche Zusammentreffen der eigenen Zungenspitze mit der abgeschnittenen Zungenwurzel eines anderen Wesens vor. Das Wissen, dass der Künstler die Zungenpräparate vor dem In-den-Mund-Nehmen mit Grappa imprägnierte, lindert dieses Gefühl der Widrigkeit nur wenig.

Der Ekel, so Böhme, resultiere maßgeblich aus der Überschreitung der Gattungsgrenzen – aber wäre er nicht womöglich noch gewaltiger, wenn es sich bei dem in den Mund genommenen Organ um eine menschliche Zunge handelte? Zuschauer der TV-Serie *Babylon Berlin* dürften sich an die im wahrsten Sinne des Wortes einschneidende Szene aus der allerersten Folge erinnern, in der der Unterweltboss Edgar Kasabian, mafiösmaliziöser Besitzer des Vergnügungsetablissements Moka Efti, einem Gast die Zunge seines ermordeten Bruders serviert; der Tote hatte Kasabian betrügerisch mit gepanschten Spirituosen beliefert. »Hat er geglaubt, ich merke das nicht?«, fragt Kasabian rhetorisch. »Hat er geglaubt, dass die feinen Zungen unserer Gäste versagen?« Suggestiver Schnitt auf den halb leergegessenen Teller des Gastes, auf drüsenbesetztes Geschnetzeltes, das von einem Tintenfisch stammen könnte. »Obwohl die Zunge das empfindsamste und am besten durchblutete Wahrnehmungsorgan des Menschen ist?«, setzt Kasabian nach. Der Gast blickt ungläubig, zuerst auf den Unterweltboss, dann auf das vor ihm dampfende Gericht, beginnt zu würgen, übergibt sich schließlich auf seinen Teller.

Es ist wohl nicht nur die Trauer um den ermordeten Bruder, die ihn körperlich überwältigt, sondern vor allem der Ekel angesichts des oktroyierten Kannibalismus. Der Verzehr einer menschlichen Zunge stellt ja gewissermaßen einen Akt der Anthropophagie in Potenz dar: Man isst nicht bloß einen Artgenossen, sondern das Organ, mit dem dieser selbst zuvor gegessen, geschluckt, geschmeckt hat. Die Zunge trifft auf ihresgleichen, aber im Zustand des Todes – und die Tatsache, dass man dieses leblose Etwas mit dem baugleichen Organ betastet, setzt eine unappetitliche Assoziationsspirale in Gang: So wie du schmeckst, schmecke auch ich. So wie diese Zunge entfernt wurde, könnte auch mein eigenes Geschmacksorgan dereinst abgeschnitten, geschnetzelt und verzehrt werden. Eine kannibalische *Mise en abyme*.

lecken

Am Anfang war die Zunge.

Folgt man der nordischen Mythologie, war die Erde ursprünglich von gewaltigen Gletschermassen bedeckt, wüst und leer. Aber eines Tages kam Bewegung in die Sache: Aus den Weiten des ewigen Eises erschien ein vorzeitlicher Paarhufer, ein wahrhaftes Urvieh, eine Kuh namens Audhumbla, die, wie alle Angehörigen ihrer Art, über eine mächtige, muskulöse und wunderbar warme Zunge verfügte (Abb. 6). Mit ihr legte sie den ersten Menschen frei, der bis dahin im vorzeitlichen Weltgletscher gefangen war: »Sie beleckte die Eisblöcke, die salzig waren, und den ersten Tag, da sie die Steine beleckte, kam aus den Steinen am Abend Menschenhaar hervor, den andern Tag eines Mannes Haupt, den dritten Tag war es ein ganzer Mann.« Die Geschichte der Menschheit beginnt, zumindest in der altisländischen Snorra-Edda, mit einer leckenden Zunge.

Doch nicht nur das kollektive Leben auf der Erde, auch die individuelle Existenz verdankt sich diesem Organ. Kaum ist ein Neugeborenes auf der Welt, sucht es mit Mund und Nase den Körper der Mutter, stülpt, sobald es fündig geworden ist, die Zunge unter deren Brustwarze, drückt sie kräftig gegen den eigenen Gaumen und presst ihr damit die überlebensnotwendige Milch ab. Der Reflex ist angeboren – nicht von ungefähr trägt

6 Audhumbla beleckt den ersten Menschen (Isländisches Manuskript, 1765/66)

unsere taxonomische Klasse ihn sogar im Namen: Wir sind *Säugetiere*. Ganz gleich also, ob wir der Mythologie oder der Biologie glauben, egal ob wir von fremden Wesen freigeleckt wurden oder artgerecht am eigenen Muttertier saugen: Wir sind vom ersten Moment unseres Daseins an auf das ordnungsgemäße Funktionieren der Zunge angewiesen.

Schlecken, Schlabbern, Schlotzen Lecken, das verdeutlichen diese beiden Beispiele, ist eine in jeder Hinsicht grundlegende Fertigkeit der Zunge – sie ist aber, auf einer gedachten Skala menschlicher Kulturleistungen, ziemlich weit unten angesiedelt. Im Vergleich zum *Sprechen* handelt es sich um eine schlichte motorische Funktion, zu der auch Kühe, Ziegen, Hunde und Katzen in der Lage sind. Und anders als beim *Schmecken* geht es nicht um differenzierte gustatorische Wahrnehmung, sondern einfach um den Einsatz der Zunge als feuchtes, flexibles, zum Verlassen des Mundraums befähigtes Organ. Sicher, die auf ihrem Rücken angesiedelten Sinneszellen lassen sich auch beim Lecken nicht ganz ausschalten – aber es ist die mechanische Bewegung, die beim Lecken im Vordergrund steht, nicht der geschmackliche Genuss. Spielt Letzterer doch eine Rolle, etwa beim Verzehr von Süßigkeiten, spricht man in der Regel von *Schlecken* oder *Schleckern*.

Vielleicht ist hier eine kleine Begriffsbestimmung am Platz. Das Wort *Saugen* bedeutet, dass durch Kontraktionen der Mundmuskulatur, darunter eben maßgeblich der Zunge, ein Unterdruck erzeugt wird, mit dessen Hilfe Milch oder andere Flüssigkeiten in den Oralraum befördert werden. *Schlecke(r)n* meint genussvolles Lecken, üblicherweise an einem harten oder kalten Nahrungsmittel, etwa einem Lolli oder Eis am Stiel. Man denke an die populäre Speiseeismarke Ed von Schleck, deren Namenspatron sich nicht nur durch eine nerdige Schildmütze und dicke Brillengläser, sondern vor allem durch eine weit herausgestreckte Zunge auszeichnet (Slogan: »Die Zunge blecken und dann schlecken«). Beim *Lutschen* befindet sich das Objekt der Begierde, anders als beim *Lecken* oder *Schlecken*, vollständig im Mund und wird von der Zunge zur Zersetzung gegen den Gaumen gedrückt und gewendet. Beim vor allem im süddeutschen Raum gebräuchlichen Wort *Schlotzen* schließlich ist diese Bewegung in der Regel, wie schon der süffige Anlaut erahnen lässt, von *schlabbernden, schmatzenden* Geräuschen, mithin von einer gehörigen Portion Speichel begleitet. Dass all diesen Begriffen eine auffallend lautmalerische Qualität zu eigen ist, ja, dass bei ihrer Artikulation oft extrem prominent die Zunge zum Einsatz kommt – man spreche einmal genüsslich den zischelnden Frikativ [ʃ] und den darauffolgenden Fließlaut [l] aus, etwa beim Wort [ˈʃlɛkn̩] oder beim schwäbischen [ˈʃlɔt͡sn̩] –, sei hier nur am Rande erwähnt.

Die Liste erhebt keinerlei Anspruch auf Vollständigkeit, und ohnehin sind die Übergänge zwischen den Begriffen oftmals fließend. Aus einem wertneutralen *Lecken* kann unversehens ein genussvolles *Schlecken* werden – aus dem *Schlecken* wiederum, sobald sich beispielsweise ein Lollipopbrocken vom dazugehörigen Stiel löst, ein *Lutschen* – aus dem *Lutschen* bei zunehmender Speichelproduktion und Anspannung der Zungenmuskulatur ein schlürfendes *Saugen* – und aus diesem ein sabberndes *Schlabbern* und *Schlotzen* – bevor die Süßigkeit schlussendlich zu einem Zuckerkörnchen zusammengeschmurgelt ist und der Drops *geschluckt* werden kann. Wenn in diesem Kapitel der Einfachheit halber von *Lecken* die Rede ist, so ist das Kontinuum vom *Schlecken* bis zum *Schlotzen* meist mitgedacht.

Leckerschmecker Ebenfalls gemein ist all diesen Begriffen, dass sie eine Form der Nahrungsaufnahme beschreiben, an der die Zähne explizit *nicht* beteiligt sind. Natürlich kann man einen Lutscher, entgegen jedem zahnärztlichen Rat, auch zerbeißen – aber idealerweise verfährt man doch so mit ihm, wie der Name es nahelegt, und belutscht und beleckt ihn, bis er durch die Reibung der Zunge sowie die zersetzende Wirkung des Speichels aufgelöst ist.

Die Abwesenheit der Zähne, dieser »bewaffneten Hüter des Mundes« (Elias Canetti), gibt den genannten Tätigkeiten eine kindliche Qualität. Das Kleinkind saugt an der Brust, weil es noch über keine Zähne verfügt, mit denen es feste Nahrung zerkleinern könnte. Der Jugendliche nuckelt an Lollis, der Erwachsene an Zigaretten. Und als alter Mensch süppelt er schließlich Schonkost durch einen Strohhalm, weil er sich durch den Konsum von Süßigkeiten und Nikotin das Gebiss ruiniert hat. Zugegeben, die Ernährungsbiographie mag von Fall zu Fall variieren, fest steht: Lecken, Lutschen und Saugen haben einen infantilen, friedfertigen Beigeschmack. Wer nuckelt, der bleckt nicht seine körpereigenen Reiß-, Beiß- und Schneidewerkzeuge, sondern ist mit sich und seiner weichen Zunge beschäftigt.

Ein weiteres Verbindungsmerkmal: Zumindest im Erwachsenenalter hat die Nahrungsaufnahme per Zunge – anders als das Milchsaugen der Kleinkinder oder das Milchauflecken der Katzen – meist keine existenzielle Bedeutung mehr. Lebensmittel, die gesaugt oder geleckt werden oder die man sich *auf der Zunge zergehen* lässt, sind in der Regel keine Notwendigkeits-, sondern Luxusgüter. Sage mir, was du leckst, und ich sage dir, wie du lebst: Vermutlich ließe sich der Wohlstand wie auch die soziale Verfasstheit einer Gesellschaft recht präzise daran ablesen, wie viele seiner Bürgerinnen und Bürger es sich leisten können, in Ruhe ein Eis zu schlecken.

Tatsächlich sind die Bewohner der skandinavischen Länder (trotz widriger klimatischer Bedingungen) die größten Eisesser in Europa, der Pro-Kopf-Konsum in Finnland etwa ist doppelt so hoch wie der im wirtschaftlich schwächelnden Italien – wie überhaupt der Speiseeisverbrauch in den westlichen Industrienationen seit Ende des Zweiten Weltkriegs geradezu explodiert ist. In der Bundesrepublik hat er sich seit den Wirtschaftswunderjahren sogar fast verdreißigfacht. Als schwer zu verifizierende, aber auch kaum zu widerlegende Hypothese ließe sich darum formulieren: Noch nie in der Geschichte der Menschheit wurde so viel geleckt wie heute.

Zur Untermauerung dieser Hypothese kann man anführen, dass gerade im deutschen Sprachraum das von dem Verb *lecken* abgeleitete Adjektiv in den letzten Jahren eine erstaunliche Konjunktur erfahren hat. Der eingangs zitierte Werbeslogan eines schwäbischen Müsli-Fabrikanten, bei dem das Wort *lecker* von einer glockenhellen Kinderstimme so oft penetrant wiederholt wird, bis es seines semantischen Gehalts entleert und zu Sprachspelzen reduziert ist, stellt nur das extremste Beispiel für diese Entwicklung dar. Alles Mögliche gilt plötzlich als *lecker* – und zwar unabhängig davon, ob es sich dabei um ein anerkanntes Nahrungsmittel handelt oder um Dinge, die eigentlich gar nicht zum Verzehr geeignet sind.

Interessanterweise wird das Adjektiv *lecker*, wenn es dergestalt attributiv verwendet wird, entgegen allen grammatischen Gepflogenheiten häufig nicht flektiert, was den entsprechenden Wendungen eine zusätzliche kindlich-naive Anmutung gibt: *Mmmh, lecker Buletten! Lecker Brötchen! Lecker Buch!* Sogar ein großes deutsches Energieversorgungsunternehmen firmiert seit einigen Jahren unter dem fraglichen Wiewort und vermarktet Gas und Strom, in niederländischer Schreibweise, unter dem Markennamen *lekker.*

Diese Tendenz zur Leckerisierung mag nicht nur als Indiz für unseren im globalen Vergleich erheblichen Wohlstand dienen – sie ist auch symptomatisch für unser gegenwärtiges Kommunikationsgebaren. Schließlich ist das Wort *lecker* auf eigentümlich zeitgenössische Weise unverbindlich: Es ist positiv, aber nicht begeistert. Lobend, aber nicht überschwänglich. Es klingt erfreut, aber nicht ekstatisch. Hinter anderen denkbaren Zuschreibungen wie *köstlich, deliziös, eine Geschmacksexplosion sondergleichen* oder *der absolute Oberhammer* bleibt es erkennbar zurück. Wer von einer ihm vorgesetzten Mahlzeit sagt, sie sei *lecker,* behauptet vermutlich hinterher auch, der Gastgeber sei *nett* und das beim Essen geführte Gespräch *total interessant* gewesen (noch so zwei geschmacksneutrale Nullvokabeln). Zugespitzt könnte man sagen: Das Wörtchen *lecker* ist das Adjektiväquivalent zum nach oben gereckten Daumen bei Facebook, WhatsApp und anderen Netzwerken und Nachrichtendiensten. Es signalisiert eine Form der Zustimmung, die kein besonderes Commitment erfordert.

Wie auch das zugrunde liegende Verb *lecken* ein im eigentlichen Wortsinn oberflächliches Weltverhältnis beschreibt: Es bezeichnet eine Art der Nahrungsaufnahme, die denkbar weit vom Exzess entfernt ist, fern vom Verschlingen, von der zermalmenden Zerfleischung, jenem selbstvergessenen Fressen, »wenn man in die Mortadella hineinbeißt wie in ein Brot«, wie Walter Benjamin schreibt, »in die Melone sich hineinwühlt wie in ein Kissen«. Und abermals in die Welt der digitalen Kommunikation übertragen: Beim Lecken verhält sich die Zunge zum Lutscher wie beim Lesen der Finger zum Touchscreen des elektronischen Endgeräts. Früher mag man noch Texte *verschlungen* haben – heute leckt man halt mal so drüber. Wisch und weg.

In der Mundgrotte Natürlich werden nicht nur vorzeitliche Permafrostböden oder zeitgenössische Süßwaren und Speiseeis geleckt – nein, alle möglichen Dinge und Wesen können zu allen erdenklichen Gelegenheiten mit der Zunge bearbeitet, geschmeichelt, eingespeichelt werden. Um die Tätigkeit des Leckens in all ihren Dimensionen zu erfassen, müssen wir daher nicht bloß fragen, *wie* geleckt (geschleckt, geschlotzt, gesaugt) wird, sondern vor allem, *was* beziehungsweise *wer*. Lassen wir Nahrungsmittel, Tiere und Pflanzen einmal außen vor, so kann man grob drei große Gruppen des Beleckbaren unterscheiden: (1) unbelebte Materie, (2) die Körper und Sekrete anderer Menschen, sowie (3) der eigene Leib.

Beginnen wir mit der Letzten. Der früheste und womöglich prägendste Leckvorgang des Menschen findet nämlich nicht am Körper der Mutter und schon gar nicht am Nuckel eines Milchfläschchens statt, sondern vollzieht sich am Körper des beziehungsweise der Leckenden selbst. Schon Monate vor der Geburt, ungefähr ab der vierzehnten Schwangerschaftswoche, nuckelt der Fötus am eigenen Daumen. Und noch bevor das Baby zum ersten Mal die Lippen öffnet, betastet es mit der Zunge die Innenwände seiner Mundhöhle, erkundet den Gaumen, die Backentaschen, die Kiefer, aus dem eines Tages die Zähne sprießen werden. Und indem es dies tut – indem es den eigenen Oralraum gewissermaßen *von innen ausleckt* –, erahnt es bereits, wie dumpf und vorbewusst auch immer, den Gegensatz zwischen Ich und Nicht-Ich, Eigenem und Anderem, sich selbst und der Welt.

Die Mundhöhle oder »Mundgrotte«, schreibt der Phänomenologe Hermann Schmitz, sei nichts weniger als ein Mikrokosmos: ein verkleinertes Weltmodell, »an dem der noch nicht mit der Außenwelt vertraute Mensch durch seine Zunge den Umgang mit Begegnendem erlernen kann«. Mit geschlossenen

Augen, ohne sich von der Stelle zu bewegen, lässt er sie durch dieses Miniaturmodell schweben und orientiert sich dadurch erstmals in einer abgeschlossenen Sphäre. Oben, wo sich in traditionellen Kosmologien das Firmament wölbt, befindet sich »die Wölbung des festen, starken Gaumens«. Unten hingegen liegt »die weiche, feuchte, oft begehrlich nach oben strebende Zunge, schwimmend im Speichel, der sie umgibt, wie das Wasser die Erde in alten Weltvorstellungen«.

Die erste Leibeserfahrung, die der Mensch innerhalb dieses winzigen Weltmodells macht, ist daher notgedrungen eine der Beschränktheit: Das Kleinkind »erlebt sich selbst in seinem Mund hauptsächlich vermöge der beweglichen Zunge und ordnet sich damit dem niederen, haltlosen, verschwommenen, aber aktiven und des Aufstrebens fähigen Bereich zu«. Folgt es aber diesem Impuls, strebt es also nach Höherem und bewegt seine Zunge nach oben, stößt es schnell an Grenzen: an die harte Gaumendecke, die diesem Aufwärtstrend eine feste physische Barriere setzt. An der unerbittlichen »Starrheit des Getasteten«, so Schmitz, trete »der Unterschied zwischen Subjekt und Objekt aufdringlich hervor (…), während andererseits die dem unmittelbar leiblich spürbaren Eigenkörper transzendente Außenwelt unbeteiligt bleibt«.

Die Erfahrung, dass es jenseits dieser Ichgrotte eine noch viel größere, vom individuellen Leben und Erleben unabhängige, nicht selten harte und schweigsame Welt gibt, wird das Kind erst später machen – das Belecken der Mundgrotte gibt darauf einen ersten Vorgeschmack: »So kann die im Mund erfahrene Subjekt-Objekt-Scheidung die Aneignung der Geschiedenheit von Ich und Außenwelt vorbereiten.« Anders gesagt: Die Zunge nimmt im Kleinen jene Position ein, die innerhalb des Kosmos der Mensch innehat. Sie nimmt im Mundraum vorweg, was dieser im Weltverhältnis erfahren wird.

Selbstvergewisserung Das Zusammentreffen von Zunge und Gaumen ist insofern pikant, als Letzterer von der Zunge zwar als Hindernis, Antagonist, Repräsentant der Außenwelt wahrgenommen wird – aber als Teil des Mundraums doch ganz und gar zum eigenen Leib gehört. Der beleckte Gaumen ist Objekt und Subjekt zugleich, Fremdes und Eigenes, ein zwiespältiges, schizophrenes Wesen – darin der Zunge nicht unähnlich, die sich, wie wir im Kapitel »sprechen« noch ausführlicher sehen werden, ja ebenfalls immer wieder der Kontrolle durch das Ich entzieht.

Ein prägnantes Beispiel für eine solch innerleibliche Fremdheitserfahrung bietet der autobiographische Text *Wenn das noch geht, kann es nicht so schlimm sein* des Schriftstellers Benjamin Maack aus dem Jahr 2020. Als Sechsjähriger, so erinnert sich der mittlerweile vierzig Jahre alte Autor, habe er einmal den Gaumen ausgeschabt bekommen; eine Operation, die häufig wegen entzündeter Gaumenmandeln durchgeführt wird. Er musste daraufhin sechs Wochen lang im Krankenhaus liegen, sprachlos, eine Klammer im Mund, der gesamte Körper durch Schienen fixiert – und die Entfremdung vom eigenen Leib, die er dabei erfuhr, spiegelte sich wie in einem Brennglas vergrößert im Mundraum wider. »Ich weiß nicht mehr, wann ich mich das erste Mal traue, diesen neuen, fremden, rohen Gaumen mit der Zungenspitze zu berühren«, schreibt Maack: »Noch heute fühlt er sich knotig und eklig und falsch an.« Viel später, als Erwachsener, wird der Autor eine schwere depressive Erkrankung entwickeln, sich falsch fühlen in der Welt, in der Haut, im eigenen Leben. Das Modell dafür lieferte bereits im Kindesalter *en miniature* das zaghafte Belecken des Gaumens.

Ebenfalls im Alter von vierzig Jahren bemühte sich der Künstler Bernhard Johannes Blume, sich durch Belecken des eigenen Körpers seiner Identität zu versichern. Die dabei entstandene Arbeit namens *Selbstvergewisserung* besteht aus drei hochformatigen Blättern, die in regelmäßigen Abständen nebeneinander platziert sind (Abb. 7). Links und rechts sehen wir eine Schwarz-Weiß-Aufnahme des Künstlers, vertikalsymmetrisch gespiegelt, Blumes Züge sind unscharf, offenbar hat ihn die Kamera mitten in der Bewegung erwischt: Er ist gerade dabei, sich mit geschlossenen Augen, aber weit geöffnetem Mund den Rücken des Unterarms abzulecken. Die gekachelte Wand im Hintergrund lässt an eine naturwissenschaftliche Untersuchung denken, die dreitafelige Anordnung hingegen an einen christlichen Altar – auf keinen Fall, so viel ist klar, leckt sich der Künstler aus irgendwelchen Allerweltsgründen ab, etwa weil ihm der Saft einer Melone über den Arm gelaufen wäre. Das verdeutlicht auch die Mitteltafel des Triptychons, eine schriftliche Erläuterung in Courier-Schrift und Flattersatz.

SELBSTVERGEWISSERUNG

Hier ist dem Mitmensch
fotodokumentarisch vorgeführt
wie sich Versuche
zu einer Wiedergewinnung
des Leibes
als einer Selbstvergewisserung
auch mit der Zunge machen lassen.
Der Anlaß hierzu ist Verzweiflung
über die Vernunft und den Verstand
die nicht bis dorthin reichen
wohin die Zunge jederzeit gelangt
ja eigentlich schon ist.

7 Bernhard Johannes Blume, *Selbstvergewisserung* (Fotografien und Text-
tafel, 1979)

Der elliptische Stil und die Zeilensprünge erinnern an ein Gedicht, aber eigentlich handelt es sich um ein kurzes philoso-
phisches Manifest. Grundlage des Textes ist ein spezifisch modernes Menschenbild, dem zufolge der menschliche Körper
ein rein mechanischer Organismus sei, der von der Seele (beziehungsweise dem »Verstand«, wie Blume schreibt) kategorial
unterschieden und getrennt ist. Die Fragen, die der Text auf-
wirft, wurden bereits vor knapp vierhundert Jahren von René
Descartes formuliert, jüngst von der *Matrix*-Filmreihe aber
massenkompatibel aufbereitet und popularisiert: Wie können

56

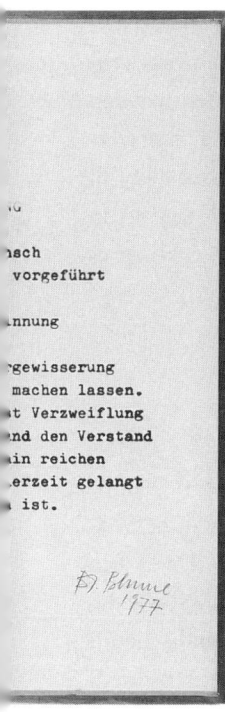

wir uns der Existenz unseres eigenen Leibes versichern? Wie
können wir verbindlich wissen, dass das, was wir für unser
›Selbst‹ halten und vollmundig ›Ich‹ nennen, nicht bloß eine
neurobiologische Projektion ist? Ein perfektes Simulakrum?
Der Wachtraum eines Gehirns in einer Nährlösung?

Die Antwort, die Bernhard Johannes Blumes Werk nahelegt,
lautet: durch die Zunge. Indem wir dieses sensible Tastorgan
über unseren Körper wandern lassen – indem wir simultan die
Zunge auf unserer Haut und die Haut auf unserer Zunge spüren – indem wir uns dabei auch noch geschmacklich wahrneh-

men – indem wir uns also in eine Art sensorischen Feedback-Loop begeben, bei dem sich die Außen- und Innenwahrnehmung wechselseitig spiegeln und verstärken, können wir den kartesianischen Zweifel zumindest vorübergehend überwinden und uns unseres brüchigen Selbsts vergewissern. Es fühlt sich an wie Ich. Es riecht wie Ich. Es schmeckt wie Ich, und wenn ich beim Lecken ein wenig schmatze und schleckere, klingt es sogar wie Ich: Das muss Ich sein! Zungen lügen nicht.

Zumindest, solange sie nicht sprechen.

Das Lecken der anderen Womit wir zur zweiten Gruppe möglicher Leckobjekte kommen: den Körpern beziehungsweise körperlichen Absonderungen *anderer Personen*. Da es sich beim Lecken, wie am Beispiel der Urkuh Audhumbla sowie des Neugeborenen beschrieben, um eine sowohl animalische als auch infantile Tätigkeit handelt, haften ihm zwei unterschiedliche Bedeutungsdimensionen an, die bei jedem zwischenmenschlichen Leckakt in je wechselnden Anteilen mitschwingen können: *Erniedrigung* und *Lust*. Wer andere beleckt, macht dadurch einerseits seine tierische Seite stark, also einen phylogenetischen Rückschritt – andererseits macht er aber auch einen Sprung zurück in der Ontogenese: Er wird wieder zum Säugling, der in lustvoller Ur-Einheit mit der Mutterbrust schwelgt. Manchmal beides zugleich.

Die wohl beliebteste Beleidigungsformel deutscher Zunge betont vor allem den ersten, erniedrigenden Aspekt des Fremdleckens. »Er aber, sags ihm, er kann mich im Arsch lecken!«, heißt es in Johann Wolfgang von Goethes Theaterstück *Götz von Berlichingen*. »Leck mir den Arsch fein recht schön sauber«, lautet der Titel eines Wolfgang Amadeus Mozart zugeschriebenen Kanons, in einem anderen fordert der Komponist voll Ungeduld: »Leck mich im Arsch g'schwindi, g'schwindi!« Die fragliche Wendung ist mittlerweile so populär, dass selbst die Abkürzung *lmaA* oder das elliptische *Du kannst mich mal!* unmittelbar als anale Beleidigung verstanden werden (vor allem in hochdeutschen Dialekten – im niederdeutschen Sprachraum geht man anatomisch tiefer und fordert: *Leck mi' anne Fööt!*).

Die beleidigende Wirkung rührt, wie unschwer zu erkennen, daher, dass man den anderen zu etwas auffordert, das gemeinhin als ekelbesetzt gilt – ja, das den Angesprochenen, würde er der Aufforderung nachkommen, symbolisch entmenschlicht: Wer jemanden *am* oder gar *im* Arsch leckt, begibt sich ans sprichwörtliche Ende der Nahrungskette, auf die Ebene von *Escherichia coli* und anderen Darmbakterien. Hinzu kommt eine analerotische Komponente: Während der Arschlecker mit seiner Zunge den Anus säubert, soll er dem oder der Geleckten durch die orale Stimulation mutmaßlich auch noch Lust verschaffen. Das Organ der Sprache und des feinen Geschmacks wird zum einfachen Arschwisch degradiert.

Was keineswegs bedeutet, dass Menschen sich dieser Prozedur nicht auch freiwillig unterziehen würden. In der BDSM-Szene ist die Figur des *Lecksklaven* bekannt, der seiner Domina beziehungsweise seinem Dominus mit der Zunge den Anal- oder Genitalbereich, den Toilettensitz, die Stiefel oder andere Utensilien des täglichen Bedarfs reinigt. Aus der Umgangssprache ist der devote *Speichellecker* bekannt, der seinem Gebieter zwar nicht gerade die Kotreste vom Hintern entfernt, aber doch immerhin den Schleim aus dem Mundwinkel leckt. Schon in William Shakespeares Drama *Der Sturm* gelobt der unterwürfige Caliban, er werde seinem neuen Herrn auf ewig die Füße lecken, wenn dieser ihn nur aus seiner gegenwärtigen Knechtschaft befreit: »I, thy Caliban / For aye thy foot-licker.« So unterschiedlich diese Beispiele auch sein mögen, die Hierarchie ist in allen Fällen dieselbe: Wer geleckt wird, ist oben.

Aber: Wie bereits Georg Wilhelm Friedrich Hegel wusste, wohnt dem Verhältnis von Herr und Knecht (beziehungsweise Herrin und Magd) eine Dialektik inne. Geleckt zu werden, kann als Zeichen der Dominanz dienen – es kann aber auch eine Qual sein, sogar ein Mittel der Folter. Schon seit römischen Zeiten ist die sogenannte *tortura cum capra* oder ›Ziegenfolter‹ bekannt, bei der »eine Ziege so lange mit ihrer rauen Zunge die Fußsohlen des Gefolterten (leckt), bis sich dort die Haut aufzulösen und sich quasi von der Fußsohle abzuschälen beginnt«, wie der Literaturwissenschaftler Christian Metz schreibt: »Der Schmerz der bis auf die Knochen wundgeleckten Fußsohlen muss (…) bestialisch gewesen sein.« Die Ziegenzunge verursacht also wahrhaft *tierische* Qualen.

Und so wie das Gelecktwerden eine Demütigung und Folter sein kann, kann das Lecken wiederum eine Form von Macht darstellen. Im Alten Ägypten beispielsweise galt die Fellatio (von lateinisch *fellare*, ›saugen, lutschen‹) als eine Weihehandlung: Die Göttin Isis holte auf diese Weise ihren verstorbenen Gatten Osiris zurück ins Leben, gerade so, als würde sie dem Toten über seinen Penis Kraft einhauchen. Und wer wollte bestreiten, dass die – wohlgemerkt: konsensuale – Stimulation mit der Zunge dem oder der Leckenden eine gewisse Macht über den Partner beziehungsweise die Partnerin verleiht?

Die psychoanalytische Theorie legt nahe, dass es sich bei solchen Formen der Erotik um ein Supplement für den Stillvorgang handelt: Das Kind, so Sigmund Freud, entdeckt »die lustspendende Genitalzone – Penis oder Klitoris – während des Wonnesaugens (Lutschens)« und assoziiert sie fortan mit der gleichzeitig stattfindenden oralen Befriedigung. Der Penis beziehungsweise die Klitoris wäre mithin als »Ersatz für die kürzlich verlorene Brustwarze der Mutter« zu verstehen und die Fellatio beziehungsweise der Cunnilingus als Fortführung des Nuckelns mit anderen Mitteln.

Allerdings besteht bei solchen oralerotischen Handlungen eine nicht zu leugnende Asymmetrie. In *Crossroads*, dem jüngsten Roman des Schriftstellers (und ausgewiesenen Freud-Kenners) Jonathan Franzen, lernt der älteste Sohn der Familie Hildebrandt, Clem, ein einundzwanzigjähriges »Mädchen vom Lande« namens Sharon kennen – das allerdings, wie Clem schockiert feststellt, bereits »eine Menge über Sex« weiß:

Manches davon hatte sie in Frankreich gelernt, den Rest aus Büchern. Das Schockierendste (…) war für Clem, dass sie sich sehr, sehr gern die Vulva lecken ließ. Eine Vulva zu lecken hatte er nicht im Entferntesten auf dem Radar gehabt; das lateinische Wort, auch wenn er es im Wörterbuch gesehen hatte, war nur ein Wort gewesen.

Als sich die beiden nun eines Abends, nach einem anstrengenden Tag an der Uni, der mit dem abstrakten lateinischen Begriff bezeichneten Tätigkeit (von *cunnus,* ›Vulva‹, sowie *lingere,* ›lecken‹) hingeben, hat Clem plötzlich eine überraschende Einsicht:

Er war verblüfft von den Energiereserven seines Körpers; sie zeugten vom Vorrang der Fortpflanzungsfunktion für den Organismus. (…) (H)ier waren seine Nacken- und Zungenmuskeln und machten unermüdlich weiter, auf das Versprechen einer Belohnung bauend, die noch nicht mal ihm, sondern seinem Penis zugutekäme.

Sharon stößt einen spitzen Schrei aus – aber ihr Liebhaber lässt sich davon nicht aus dem Takt bringen: »Clem verweilte, um seine Zunge so weit wie möglich in sie hineinzuschieben, zu schmecken, was sein Penis nicht schmecken konnte, und richtete sich dann auf, um ihr in die Augen zu schauen.«

Es ist zweierlei, was Clem, während seine Freundin einen Orgasmus hat, kaum minder epiphanisch bewusst wird. Erstens: Die Zunge ist selbstlos. Sie mag bei der oralen Stimulation zwar Aufgaben des Penis übernehmen, wird dabei aber ihrerseits nicht stimuliert, die erotische Gratifikation erfährt hinterher das andere Organ. Sie verfügt dafür jedoch, zweitens, über eine sinnliche Fähigkeit, die dem Penis abgeht, nämlich die Gabe des Geschmacks. Mit ihrer Hilfe liefert die Zunge weitaus vielseitigere, differenziertere und intimere Informationen über das innerste Wesen des Gegenübers, als das primäre Geschlechtsteil dies jemals könnte; dass sie auch taktil hochempfindlich ist, sei nur am Rande erwähnt. Mit einer Formulierung des Philosophen Friedrich Schlegel könnte man sagen: Die Zunge ist ein »Fühlhorn der Vernunft«. Sie befriedigt unseren Willen zum Wissen.

Schreib mal wieder Womit wir zu guter Letzt, von der Selbst- über die Fremdbeleckung, zur dritten Gruppe der Linguabilia kommen, nämlich zum Reich der *unbelebten Objekte* – wohlgemerkt solcher, die eigentlich nicht zum Verzehr bestimmt sind.

Einerseits handelt es sich hierbei natürlich um ein weites Feld: Im Grunde ist alles beleckbar, vorausgesetzt, man kann es mit der Zungenspitze erreichen. Freunde des amerikanischen Kinos werden sich an die legendäre Szene aus der Komödie *The*

Big Lebowski erinnern, in der ein violett gewandeter John Turturro als Bowling-Freak namens Jesus suggestiv und in Zeitlupe mit der Zunge seine Kugel liebkost, bevor er erfolgreich einen Strike wirft: »Nobody fucks with the Jesus!« Freunde der amerikanischen Literatur wiederum könnten sich an die Erzählung »Die Mackenplage« von David Sedaris erinnern, deren jugendlicher Protagonist das zwanghafte Bedürfnis verspürt, andauernd Lichtschalter, Glühbirnen, Bleistiftspitzer sowie seinen Schreibtisch abzulecken – erst danach kann er zu Bett gehen (und dort hibbelig auf und ab wippen). Auch diese Figur ist als psychisch aberrante Persönlichkeit gezeichnet: Dinge abzulecken, die nicht zum Essen gedacht sind, gilt mit wenigen Ausnahmen als nicht ganz normal.

Vermutlich wird der Bereich der Gegenstände, die ohne Furcht vor sozialer Beschämung oder psychiatrischer Einweisung mit der Zunge befeuchtet werden dürfen, sogar immer kleiner. Hier muss die oben formulierte Hypothese, dass noch nie in der Geschichte der Menschheit so viel und so freizügig geleckt wurde wie heute, ein wenig modifiziert werden. In Bezug auf Speiseeis, Lutscher und andere Leckereien mag das zutreffen – was Non-Food-Artikel angeht, ist eine gegenläufige Tendenz zu beobachten: eine, die das öffentliche Lecken zunehmend sanktioniert.

Dies zeigt sich vielleicht am deutlichsten an der Entwicklung der Briefmarke. Ursprünglich waren fast alle Postwertzeichen auf ihrer Rückseite mit einer Gummierung versehen, die mit der Zunge befeuchtet werden musste. Mitte der Fünfzigerjahre experimentierte die Deutsche Bundespost sogar mit einer Gummierung mit Pfefferminzgeschmack, um das Anlecken attraktiver zu gestalten. Mittlerweile sind jedoch immer mehr Briefmarken mit einer selbstklebenden Rückseite versehen, die den Einsatz der Zunge überflüssig macht; in anderen Ländern, etwa den USA, sind sogar überhaupt keine gummierten Wertzeichen mehr im Handel. Auch Briefumschläge müssen vor dem Versand meist nicht mehr beleckt werden, da sie über einen selbstklebenden Verschluss verfügen. Kurz: Das Reich der *snail mail* ist, seinem schlüpfrig-feuchten Namen zum Trotz, mittlerweile ein weithin zungenfreies Terrain.

Die Gründe hierfür dürften nur teilweise praktischer Natur sein: Was sollte, zumindest für den Gelegenheitsbriefeschreiber, so schwer daran sein, eine Briefmarke anzulecken? Dauert es nicht sogar länger, das Wertzeichen mit spitzen Fingern von der Haftfolie zu pfriemeln? Und stellen die Selbstklebestreifen auf Briefumschlägen und Versandtaschen eine Zeit- oder Arbeitsersparnis dar? Nein, die Abschaffung der Gummierung im Postwesen verdankt sich vermutlich ganz anderen, tieferliegenden Ursachen: Sie dürfte vor allem ein Ausdruck unseres gestiegenen Hygienebedürfnisses sein, das Resultat einer mikrobiologisch geprägten Weltsicht, die nahelegt, jeden Schleimhautkontakt mit der Außenwelt zu vermeiden.

The Age of Contagion Hierbei handelt es sich historisch gesehen um eine relativ späte Entwicklung. Erst gegen Ende des 19. Jahrhunderts, durch die mikrobiologischen Forschungen von Louis Pasteur und Robert Koch, wurde die Rolle der Bakterien (und später der Viren) bei der Entstehung von Infektionskrankheiten erkannt. Die Idee, dass das Überleben der Menschheit maßgeblich von der Bekämpfung solcher Kleinstlebewesen abhänge, wurde in der Folge »zu einer der großen Erzählungen des 20. Jahrhunderts«, wie der Medizinhistoriker Christoph Gradmann schreibt. Mit den Pandemien der jüngsten Vergangenheit gewann dieses Narrativ eine völlig neue Dringlichkeit:

Der Ruf der Atemwegssekrete (Speichel, Schleim, Schnodder, Sputum), der auch schon vorher nicht der allerbeste war, hat dadurch noch einmal merklich gelitten. Kaum vorstellbar, dass es noch vor einer Generation üblich war, zur schnellen Gesichtsreinigung ein Stofftaschentuch mit der Zunge zu befeuchten und damit dem protestierenden Kind oder Enkel die Schokoladenreste aus dem Mundwinkel zu wischen – ja, kaum vorstellbar, dass es damals noch wiederverwendbare Stofftaschentücher gab.

Auch andere, vor gar nicht allzu langer Zeit noch alltägliche Zungengesten gelten mittlerweile als hochproblematisch: das flüchtige Belecken der Fingerspitzen, bevor man ein Bibliotheksbuch oder die Seiten einer Zeitung im Kaffeehaus umblättert beispielsweise. Oder wenn man versucht, im Supermarkt eine jener hauchdünnen Plastiktüten zu öffnen, die zum Verpacken von offenem Obst und Gemüse bereitgestellt sind. Umgangssprachliche Wendungen wie die, dass man sich *nach etwas die Finger leckt* (im Sinne von: es kaum erwarten kann, eine Sache zu verzehren), wirken ebenfalls hoffnungslos aus der Zeit gefallen, ja, vermutlich sind sie für nachwachsende Generationen überhaupt nicht mehr verständlich.

All solche Handlungen und Formulierungen sind mit den gestiegenen Hygieneansprüchen der Moderne, und nicht zuletzt im Zuge der Covid-19-Pandemie, unrettbar in Verruf geraten: einerseits, weil sich der Leckende damit selbst mikrobielle Krankheitserreger zuziehen könnte – andererseits, weil er damit (Stichwort Schmierinfektion) seine eigenen kontagiösen Keime weiterverbreiten könnte. *This is the dawning of the Age of Contagion,* wie man in Anlehnung an einen berühmten Song der Sechziger formulieren könnte. Wir leben im Zeitalter der Ansteckungsfurcht.

schmecken

Taste. Savor. Relish. Consider every morsel that you place
inside your mouth. Be mindful. But do not eat.

The Menu

Und plötzlich war er verschwunden.

Eine der verbreitetsten und zugleich verstörendsten Begleiterscheinungen einer Infektion mit SARS-CoV-2 dürfte für viele Betroffene, von gravierenden Beschwerden wie Lungenentzündung, Fieber und Husten einmal abgesehen, der Verlust des Geschmacks- und Geruchssinns gewesen sein. Man führt einen Bissen zum Mund. Man beschnuppert ihn. Man betastet ihn mit den Lippen, platziert ihn auf der Zunge, zerkaut und bespeichelt ihn, wendet ihn hin und her – aber nichts geschieht: Kein vertrautes Aroma stellt sich ein, der Algensalat schmeckt nicht *umami*, der Ingwertee nicht süßlich-scharf, der Nachtisch nicht nach Vanille.

Schätzungen zufolge entwickelte etwa die Hälfte aller an Covid-19 Erkrankten eine solche olfaktorische und gustatorische Störung, etwa fünf Prozent aller Betroffenen erlitten einen länger anhaltenden Geruchs- und Geschmacksverlust. Bei circa zwei Prozent der Betroffenen kommt die Wahrnehmung womöglich niemals wieder, manchmal mit gravierenden körperlichen und psychischen Folgen: Gewichtsverlust. Depressive Verstimmungen. Ekel vor einstmals vertrauten Getränken und Speisen. Eine plötzliche Abneigung gegen Menschen, die man zuvor noch *gut riechen* konnte.

Millionen von Menschen machten während der Corona-Pandemie erstmals und binnen kürzester Zeit die Erfahrung, was es bedeutet, keinen Geschmackssinn mehr zu haben. Und damit, welch eminent wichtige Rolle die Zunge als Organ der gustatorischen Wahrnehmung sowie des kulinarischen Genusses für unsere Lebensqualität spielt.

G'schmäckle So wie das Auge als Inbegriff des Sehens gilt, das Ohr den Gehörsinn symbolisiert, die Nase die Geruchswahrnehmung und der Zeigefinger den Tastsinn, steht die Zunge als körperlicher Repräsentant für den Geschmack. Die assoziative Koppelung zwischen der abstrakten sinnlichen Tätigkeit und dem konkreten daran beteiligten Organ äußert sich etwa in sprachlichen Wendungen wie jener, dass man sich eine Speise genießerisch *auf der Zunge zergehen* lasse, oder dass ein Gourmet eine besonders *feine Zunge* hat. Allegorische Darstellungen des menschlichen Sensoriums widmen sich entsprechend, wenn sie den Geschmackssinn repräsentieren, vornehmlich der Zunge:

Alle Süssigkeit der Reben
Wär der Welt umsonst gegeben,
Schmeckte nicht der Zungen Kraft
Jedes Dinges Eigenschaft,

dichtete etwa der Barocklyriker Barthold Heinrich Brockes in seinem vieltausendseitigen Werk *Irdisches Vergnügen in Gott* unter der Überschrift »Der Geschmack«.

Tatsächlich ist die Zunge auf den ersten Blick *das* Zentralorgan der gustatorischen Wahrnehmung. Auf ihrem Rücken befinden sich, wie bereits beschrieben, die Geschmackspapillen, welche trichterartig geformte Geschmacksknospen enthalten, die wiederum die eigentlichen Geschmacksrezeptoren beherbergen, beim erwachsenen Menschen bis zu 10 000 Stück. Damit sie wahrgenommen werden können, müssen die in einer Speise enthaltenen chemischen Moleküle zunächst im Speichel gelöst und dann in die mikroskopisch kleinen Knospen gespült werden, wo sie die Sinneszellen stimulieren. Neuronale Ausläufer transportieren diese Reize dann auf vier große Hirnnerven, die die Informationen ans Gehirn weiterleiten.

Aber: Die Zunge ist weit mehr als andere Organe auf sensorische Mithilfe von außen angewiesen; sie ist ein echter Teamplayer. Zum einen befindet sich immerhin ein Viertel aller Geschmacksknospen gar nicht auf der Zunge, sondern in den Schleimhäuten der Mundhöhle, am weichen Gaumen, im Nasenrachen sowie im oberen Teil der Speiseröhre. Jean Anthelme Brillat-Savarin berichtet demgemäß von einem Mann, »welchem man in Algier die Zunge zur Strafe abgeschnitten hatte« – der aber dennoch, wie er dem Gastrosophen (notgedrungen in Schriftform) versicherte, »geschmacklose und angenehme Dinge« sehr wohl unterscheiden konnte. Zum anderen wirken aber auch alle anderen Sinne des Menschen auf die Geschmackswahrnehmung ein, beeinflussen und modulieren sie.

Das gilt vor allem für den *Geruch*, der anatomisch und physiologisch eng mit dem Geschmackssinn verknüpft ist: Wenn eine mögliche Speise oder ein Getränk sich dem Mund nähert, registriert die Nase, lange bevor die fragliche Substanz die Geschmackspapillen erreicht hat, die von ihr ausströmenden Aromen und signalisiert der Zunge, worauf sie sich einzustellen hat (torfiger Single Malt? Oder doch eher Eigenurin?). Und wenn sich die Nahrung schließlich im Mund befindet, steigen weiterhin volatile Duftschwaden durch die retronasale Öffnung am hinteren Gaumen, werden von der Nase chemisch analysiert und tragen so zu einer differenzierten Wahrnehmung bei. Der Geschmack als solcher sei ein »recht grobes Sinnesinstrument«, schreibt der Mediziner Hanns Hatt, »mit dem sich zwar eine saure Gurke von einer süßen Banane unterscheiden läßt, der aber nicht den nuancierten Eßgenuß eines Feinschmeckers erlauben würde«. Geschätzte achtzig bis neunzig Prozent der Wahrnehmung beim Essen verdanken sich nicht der Zunge, sondern dem Zinken darüber.

Das Wissen um diese enge sinnliche Liaison zeigt sich, wieder einmal, in der Sprache. Im Mittelhochdeutschen waren *schmecken* und *riechen* beispielsweise begrifflich noch gar nicht unterschieden, das Wort *smecken* bedeutete beides – ein Doppelsinn, der bis heute in manchen Dialekten fortlebt. Wenn ein Schweizer in die Küche kommt, den Deckel vom Topf hebt, schnuppert und sagt: *s'schmöckt guet*, dann heißt das nicht etwa, dass ihm das Essen schmeckt (das kann er schließlich noch gar nicht wissen), sondern dass es verheißungsvoll duftet. Und wenn man auf Schwäbisch sagt, diese oder jene Sache habe *ein G'schmäckle*, dann bedeutet das keineswegs, dass sie mundet, sondern weniger vornehm formuliert: Sie stinkt zum Himmel.

Sieh mal an Neben dem Geruch ist natürlich auch der Gesichtssinn an der Geschmackswahrnehmung beteiligt. Nicht von ungefähr behauptet der Volksmund, *das Auge esse mit,* und wenn ein Buffet so appetitanregend arrangiert ist, dass man sich schon vor der Eröffnung visuell daran *weiden* kann, spricht man von einem *Augenschmaus.*

Physiologisch sind diese Wendungen, wenn man den Begriff *essen* etwas weiter fasst, durchaus zutreffend: Der Anblick einer bevorstehenden Mahlzeit regt den Speichelfluss sowie die Bildung von Magensäure und Pankreassaft an, sodass die für den Stoffwechsel benötigten Körperflüssigkeiten bereitstehen und es beim anschließenden Verzehr und Verdauen etwas schneller geht.

Darüber hinaus prägt der Anblick einer Speise oder eines Getränks aber auch maßgeblich die Geschmackswahrnehmung, er strukturiert gewissermaßen die gustatorische Erwartungshaltung. »Im Dunkeln schmecken wir schlecht«, wie schon Brillat-Savarin in diesem Zusammenhang bemerkte. Nicht von ungefähr werden Gerichte im Restaurant vor dem Servieren oft aufwendig mit gehäckselten Kräutern oder dynamischen Saucenspritzern dekoriert, sodass sie aussehen wie ein *Action Painting* von Jackson Pollock. Und Wein-Connaisseure betrachten, noch bevor sie am Tropfen schnuppern oder ihn gar in den Mund nehmen, erst einmal fachmännisch das sogenannte *Kleid* des Weines, schwenken dann das Glas und schauen daraufhin durch die als *Kirchenfenster* bezeichneten Schlieren, die die herabsinkende Flüssigkeit an dessen Innenseite bildet.

Wie wichtig, aber auch irreführend das äußere Erscheinungsbild für die gustatorische Wahrnehmung sein kann, zeigt ein Versuch, der 2001 unter Studierenden der Weinwissenschaft in Bordeaux durchgeführt wurde. Gut fünfzig angehenden Önologen wurde ein Weißwein kredenzt – dieser war allerdings zuvor mit einer geschmacksneutralen Substanz rot eingefärbt worden. Tatsächlich ließen sich die jungen Weinexperten durch diese visuelle Fehlinformation mehrheitlich hinters Licht führen und beschrieben den Wein beim Verkosten, als wäre er ein *rouge*. Sie vertrauten ihren Augen mehr als ihrem doch eigentlich hochentwickelten und jahrelang ausgebildeten Geschmackssinn.

Knack, knack Verbleiben noch der Tastsinn und das Gehör: Auch sie sind am Schmecken beteiligt, obgleich ihr Beitrag weitaus bescheidener ausfällt als jener des Auges oder gar der Nase. Zum einen ist die Zunge, wie erwähnt, ein überaus sensibles Organ: Die feinen Spitzen der Fadenpapillen registrieren selbst kleinste Partikel, Bewegungen und Unebenheiten und geben sie vergrößert an die Nervenbahnen weiter. Auch die Konsistenz, Textur und Temperatur eines Nahrungsmittels können daher in das Geschmackserlebnis mit einfließen. Wenn der Champagner nicht *auf der Zunge prickelt,* wird er wohl kaum als anregend und spritzig wahrgenommen. Auch abgestandene Limonade gilt als fade, obwohl die darin enthaltenen Aromastoffe doch weitgehend dieselben sind wie in der frisch geöffneten Flasche. Wenn man sich schließlich an einem heißen Getränk oder einem Stück Käsepizza, im eigentlichen Wortsinn, *die Zunge verbrennt,* tritt das geschmackliche Erleben merklich hinter der Schmerzempfindung zurück.

Zum anderen und zu guter Letzt tragen auch die Geräusche, die ein Nahrungsmittel beim Verzehr (oder in dessen unmittelbarem Vorfeld) von sich gibt, zur Geschmackswahrnehmung bei. Champagner muss, um beim Beispiel zu bleiben, nicht nur sichtbar prickeln – man muss auch das leise Zerplatzen der Sauerstoffblasen an der Schampusoberfläche hören können. Äpfel sollten nicht nur frisch aussehen – sie müssen beim Hineinbeißen auch einen krachenden Sound von sich geben, damit sie als wohlschmeckend durchgehen. Eine Schweizer Schokoladenspezialität wird mit dem Geräusch beworben, das angeblich beim Abbrechen der dreieckig geformten Segmente entsteht: »knack, knack«. Bei der sogenannten Knallbrause schließlich – mit Zucker umhülltes Kohlenstoffdioxid, das beim Kontakt mit dem Zungenrücken geräuschvoll zerplatzt – ist der Klangeffekt der eigentliche Reiz und die Raison d'Être.

Süßes, sonst gibt's Saures! Tatsächlich scheint die Vorliebe für Süßes beim Menschen angeboren zu sein. Säuglinge zeigen schon wenige Stunden nach der Geburt, wenn man ihnen gezuckerte Nahrung verabreicht, deutliche mimische Signale des Wohlbehagens – bei bitteren oder sauren Reizen verziehen sie angewidert das Gesicht. Offenbar ist diese Präferenz im ältesten Teil des Gehirns, dem sogenannten Hirnstamm, verankert. Vermutlich können schon Föten im Mutterleib zwischen den Geschmacksrichtungen süß, sauer und bitter unterscheiden; lediglich die Fähigkeit, salzig und umami wahrzunehmen, kommt erst später hinzu.

Dass wir ausgerechnet diese fünf Qualitäten unterscheiden können, zeigt, wie wichtig sie – beziehungsweise die durch sie angezeigten Substanzen – für unser Dasein sind. Grundsätzlich lassen sich die genannten Geschmacksrichtungen in zwei Gruppen unterteilen: Die Eigenschaften süß, salzig und umami sind positive Indikatoren, weisen also auf Speisen hin, die bevorzugt zu verspeisen sind. Wenn ein Nahrungsmittel von Natur aus süß ist, enthält es in der Regel Zucker, also überlebenswichtige Kalorien. Ist es salzig, enthält es Natrium oder andere essenzielle Mineralien. Und schmeckt es umami, beinhaltet es Proteine oder doch zumindest Aminosäuren wie Mononatriumglutamat. Auch die umstrittenen Geschmacksqualitäten fettig und wässrig fallen, so sie sich denn nachweisen lassen sollten, in diese positive Kategorie.

Die Eigenschaften sauer und bitter hingegen sind negative Indikatoren: Metaphern wie *säuerlich dreinschauen, verbittert sein,* Ausrufe wie *Das ist bitter!* oder die Halloween-Drohung *Süßes oder Saures!* zeigen, wie tief das Bewusstsein um die Negativität dieser beiden Qualitäten in das kollektive Unbewusste eingesickert ist. (Bei der Geschmacksrichtung salzig ist die Umgangssprache ambivalenter, vermutlich weil es hier auf die

Dosierung ankommt: Das sprichwörtliche *Salz in der Suppe* ist die Zutat, die eine Beziehung oder Mahlzeit erst interessant macht – wenn man jemandem *die Suppe versalzt*, ist es mit der Freundschaft oder dem guten Essen schnell vorbei.)

Evolutionsbiologisch dienen die Geschmacksqualitäten sauer und bitter als Warnhinweis auf potenziell giftige oder zumindest verdorbene Inhaltsstoffe. Wenn Obst sauer schmeckt, ist es möglicherweise noch nicht reif; haben Fleisch oder Milch diese Eigenschaft, sind sie mit ziemlicher Sicherheit verdorben. Bei Bitterstoffen ist die Sache komplizierter: Da toxische Verbindungen im Pflanzenreich häufig bitter sind (man denke an die blausäurehaltigen Kerne der Bittermandel oder an Alkaloide im Mutterkorn), signalisiert diese Geschmacksqualität: Vorsicht, giftig!

Die Toleranz gegen Bitterstoffe variiert daher, je nachdem, welchen Stellenwert pflanzliche Kost im Speiseplan einer Art einnimmt. Reine Fleischfresser können es sich leisten, empfindlich auf diese Qualität zu reagieren; Allesfresser sind deutlich weniger bittersensibel; Herbivore schließlich sind in puncto Bitterkeit am tolerantesten: Würde es vegetarisch lebende Tierarten oder Menschen bei jedem bitteren Blatt oder Grashalm vor Ekel schütteln, kämen sie nur schwerlich auf die zum Überleben notwendige Kalorienmenge. Die Renaissance von ausgesprochen bitteren Salatsorten wie Rauke oder Radicchio, die seit ein paar Jahren zu verzeichnen ist, könnte man vor diesem Hintergrund als Ausdruck einer zunehmenden Abwendung vom Fleischkonsum verstehen. Bitter? Aber bitte! Das kann doch einen Flexitarier nicht erschüttern.

Darüber muss man schweigen Trotz seiner Bedeutung für das menschliche Leben hatte der Geschmackssinn über Jahrtausende hinweg einen *Hautgout:* Er galt als der ernsthaften theoretischen Erörterung nicht würdig. Vom Philosophen Sokrates weiß man zwar, dass er sehr viel und genussvoll essen und trinken konnte – aber es gibt von ihm keinen Dialog über das Schmecken. Aristoteles gestand, zwei Generationen später, zwar immerhin zu, dass die Zunge »gleich zu zwei Tätigkeiten«, nämlich »zum Schmecken und Sprechen« gebraucht werde – er ordnete die gustatorische Funktion aber klar der linguistischen unter: Das Schmecken sei »ein Notwendiges« und komme daher »sehr vielen Wesen«, also auch nichtmenschlichen Tieren zu. Die Sprache hingegen sei »für das Wohlsein da« (Aristoteles meint ein gelingendes gutes Leben, das über die physiologische Existenz hinausgeht) und damit ein Privileg des Menschen.

Diese Geringschätzung des Geschmackssinns blieb über zwei Jahrtausende lang bestimmend – und sie manifestiert sich, wie der Philosoph und Begründer der (von ihm so getauften) »Essthetik« Harald Lemke argumentiert, nicht zuletzt auch in der Sprache: Begriffe wie γλῶσσα, *lingua* oder *langue* haben stets den Doppelsinn von ›Zunge‹ und ›Sprache‹, nie aber jenen von ›Zunge‹ und ›Geschmack‹. Das Erkenntnisvermögen der Zunge, so Lemke, werde also offenbar »ausschließlich über ihre Redeleistung und logische Oralität gedacht, so, als ob es weder den Verstand noch das Wohl eines mundvollen Zungenspiels gäbe«. Erst im 19. Jahrhundert, mit der Veröffentlichung der *Physiologie des Geschmacks* durch den bereits mehrfach erwähnten Jean Anthelme Brillat-Savarin, kam der Zunge erstmals gastrosophische Aufmerksamkeit zu – dennoch steht sie bis heute im Schatten von Auge, Nase, Finger und Ohr.

Drei Gründe dürften für diese Geschmacksskepsis bestimmend sein. Der erste wird bereits von Aristoteles benannt: Der

Geschmackssinn kommt auch nichtmenschlichen Lebewesen zu, verbindet uns symbolisch mit dem Tierreich. Als Organ der φωνή, also der Stimme, des Sprachvermögens, macht die Zunge die anthropologische Differenz stark – als Organ der γεῦσις hingegen, das heißt des Geschmackssinns, verwischt sie diese Unterscheidung. Da die westliche Anthropologie immer bemüht war, das Wesen des Menschlichen in Abgrenzung zu allen anderen belebten Wesen zu bestimmen, musste eine solche Gemeinsamkeit als Affront erscheinen und daher in die hinteren Bedeutungsränge verwiesen werden. Bevor er zugibt, dass er auch nur ein leckendes, schmeckendes Tier ist, würde sich so mancher Mensch lieber *die Zunge abbeißen.*

Eigen-Sinn Der zweite Grund für die abendländische Geschmacksverachtung dürfte darin zu suchen sein, dass Schmecken ein extremer Nahsinn und als solcher höchst subjektiv ist – angesichts der ausgesprochenen Individualität und Intimität der Wahrnehmung könnte man sogar von einem *Eigen-Sinn* sprechen. Einen Sonnenuntergang kann man zusammen mit anderen aus gebührendem Abstand betrachten, einem Konzert kann man gemeinsam lauschen, einen Gegenstand von Hand zu Hand gehen lassen, an einem Reagenzglas reihum riechen – die gustatorische Wahrnehmung hingegen findet zwangsläufig *in unserem Kopf* statt, ihr Gegenstand befindet sich unmittelbar auf der Zunge, am Gaumen, im Mundraum; seine geschmackliche Perzeption wird überhaupt erst dadurch ermöglicht, dass wir die fragliche Speise zerkleinern, mit Speichel tränken, partikelweise in unsere Geschmacksknospen schwemmen und so personalisieren. Kurz: Indem wir etwas schmecken, machen wir es bereits zu einem Teil unseres Körpers.

In der jahrtausendealten bewusstseinsphilosophischen Debatte, wo eine sinnliche Erfahrung sich eigentlich abspielt, ob sie allein im menschlichen Geist verortet ist oder ob es vielmehr eine objektive, von der Wahrnehmung unabhängige Realität gibt, legt der Geschmackssinn also eine vermittelnde Position nahe. Die ›Wahrheit‹, so scheint er zu sagen, ist nicht im beteiligten Sinnesorgan, in diesem Fall der Zunge, beheimatet – sie liegt auch nicht in den Dingen selbst: Nein, sie ereignet sich vielmehr dazwischen, sie entsteht *enaktivistisch*, durch eine Kollision und Vermischung dieser zwei Sphären, bei der allerdings beide ihren ontologischen Status einbüßen. Die Grenzen des wahrnehmenden Subjekts werden durchlässig, zugleich lösen sich aber auch die Grenzen des Objekts in Wohlgefallen auf: Das »Schmeckbare« bringt, wie Aristoteles es formuliert, »die Zunge zum Fließen«.

Das mag in solch trocken-theoretischen Worten wenig verdaulich klingen, lässt sich aber durch zwei Beispiele aus Hochliteratur und Speiseeiswerbung illustrieren. In der wohl berühmtesten Szene aus Marcel Prousts Romanwerk *Auf der Suche nach der verlorenen Zeit* tränkt der Erzähler ein Stückchen Sandgebäck, eine Madeleine, in einem Löffel voll Tee, führt es zum Mund – und verliert sich, sobald diese Melange seine Geschmacksknospen erreicht hat, im Aroma. Seine Identität zerfließt gewissermaßen im mundwarmen Gebäck.

Ein ungeheures Glücksgefühl, das ganz für sich allein bestand und dessen Grund mir unbekannt blieb, hatte mich durchströmt (…), gleichzeitig aber fühlte ich mich von einer köstlichen Substanz erfüllt: oder diese Substanz war vielmehr nicht in mir, sondern ich war sie selbst.

Ganz ähnlich – wenn auch mit anderen, marktförmigen Intentionen – nähert sich die Werbekampagne eines globalen Speiseeiskonzerns dem Thema. Das Motiv, das unlängst auch auf deutschen Plakatwänden zu sehen war, zeigt einen halbgeöffneten Mund, der sich gerade über ein schokoladenüberzogenes Stieleis der Marke Magnum hermacht. Auch hier sind die Grenzen zwischen Subjekt und Objekt, Ich und Eis in Auflösung begriffen oder vielmehr im Geschmackserlebnis verschwommen, wie die Farbgebung nahelegt: Die dargestellte Unterlippe hat nämlich exakt denselben Farbton wie das Vanille-Mandel-Eis, die Zunge wiederum hat den Ton der Milchschokolade angenommen, mit der das Eis überzogen ist. Sie *schmeckt* also nicht nur die Schokolade, sondern ist mit ihr nachgerade wesensidentisch. Der Geschmack liegt im Munde des Betrachters, oder wie man in Anverwandlung eines etwas abgestandenen Sprichworts sagen könnte: *De gustibus non est disputandum.* Über Geschmack lässt sich nicht streiten.

In dieser Hinsicht ist der Zungensinn emblematisch für unser Zeitalter der Subjektivität, in dem alles – auch wissenschaftliche Erkenntnisse und Fakten – als Frage der Meinung, des persönlichen Glaubens oder der individuellen Wahrnehmung verhandelt wird. *Ich glaube ja nicht an den Klimawandel. Die Evolutionstheorie beleidigt meine religiösen Gefühle. Du findest die Erdbeerbowle zu süß? Ich finde sie genau richtig – aber egal, wahrscheinlich liegt die Wahrheit in der Mitte. We agree to disagree.* Die Aussage stellt eine Bankrotterklärung dar: das bittere Eingeständnis, dass man über keine gemeinsame epistemische Grundlage verfügt, auf deren Basis man zu einer Übereinkunft oder gar zu faktenbasiertem Handeln kommen könnte. Der Geschmackssinn darf darum als strukturelles Vorbild für all jene diskursiven Verwerfungen stehen, an denen sich unsere Gesellschaft derzeit die Zähne ausbeißt.

Pampelmuse und Achselschweiß Ein dritter und letzter Grund für die in der Philosophiegeschichte so dominante Glossophobie: Die Zunge mag zwar sowohl zum Schmecken als auch zum Sprechen befähigt sein, Wahrnehmung und Beschreibung eines Geschmacks liegen also theoretisch ›in einer Hand‹ – trotzdem können wir unsere gustatorischen Erfahrungen nur schwer kommunizieren. »Das Schmecken gehört wie das Riechen zu den Bereichen, die nicht direkt sprachlich benannt werden können«, schreibt der Philosoph Gunter Gebauer. »Die Einbildungskraft, die äußere Dinge bei deren Abwesenheit als präsent darstellt, ist nicht fähig, geschmackliche Erfahrung zu *präsentieren*.« Von einem Gemälde können wir uns, auch wenn wir gerade nicht davor stehen, eine innere Vorstellung machen. Eine Melodie kann uns, auch wenn es äußerlich still ist, als Ohrwurm durch den Kopf schwirren – eine geschmackliche Erfahrung hingegen ist nur so lange zuhanden, wie sie tatsächlich gemacht wird: »Nur in der *realen Präsenz* des Schmeckens«, so Gebauer, »kann ich mir ein Urteil bilden.«

Der neurobiologische Grund für diese Beschränkung ist, dass die Nervensignale, die die Zunge aussendet, ohne Umweg über den Thalamus unmittelbar an das Emotionszentrum des Gehirns flickern. Das Aroma eines vertrauten Essens kann daher Erinnerungen oder Emotionen auslösen – diese bleiben aber im schmeckenden Subjekt gefangen: Sie *liegen ihm auf der Zunge*, können aber, anders als visuelle oder auditive Wahrnehmungen, nur mit größter Mühe in abstrakte Begriffe übersetzt werden. Farben lassen sich präzise benennen, das Verhältnis verschiedener Töne in Akkorden und Metren bestimmt werden – aber wir verfügen über keine vergleichbare Grammatik des Geschmacks. Wenn wir von gustatorischen (oder auch olfaktorischen) Wahrnehmungen sprechen, tun wir das daher notgedrungen metaphorisch, durch Übertragung: indem wir unsere Sinneseindrücke mit anderen, uns bekannten Geschmacksrichtungen oder Gerüchen vergleichen. *Steinpilze schmecken erdig-nussig. Der Rotwein hat Noten von Beeren und altem Leder. Der Whiskey riecht nach verbranntem Seetang. Das Craft Beer schmeckt nach Pampelmuse und Achselschweiß.*

Geschmack ≠ Geschmack Der Abwertung des Zungensinns zum Trotz avancierte das Schmecken seit dem 17. Jahrhundert zur zentralen Metapher der ästhetischen Erfahrung – allerdings nicht in Bezug auf das Essen, sondern vor allem auf Werke der bildenden Kunst, der Dichtung, der Musik oder der Inneneinrichtung. Wer *Geschmack* hat, verfügt demnach nicht (oder zumindest nicht nur) über eine besonders feine Zunge, sondern vor allem über ein scharfes Auge, ein gutes Gehör sowie über reflektierende Urteilskraft. »Die Definition des Geschmacks, welche hier zum Grunde gelegt wird, ist: daß er das Vermögen der Beurteilung des Schönen sei«, schreibt Immanuel Kant in seinem grundlegenden Werk zu dieser begrifflichen Wende, der *Kritik der Urteilskraft.* »Das Geschmacksurteil ist also kein Erkenntnisurteil, mithin nicht logisch, sondern ästhetisch, worunter man dasjenige versteht, dessen Bestimmungsgrund *nicht anders* als *subjektiv* sein kann.«

Dass gerade der Geschmackssinn, und nicht etwa das im philosophischen Diskurs traditionell privilegierte Auge, zur Leitmetapher der Ästhetik mutierte, ist nur folgerichtig: Schließlich ist die gustatorische Wahrnehmung, wie Hartmut Böhme schreibt, »bipolar strukturiert, aufgefächert zwischen den lustvollen und den widrigen Reizen. Hier bilden sich Vorstufen der Urteilskraft der Sinne sowie die Vorstufen zu wichti-

gen Gefühlen, die unsere Einstellung zu Objekten bestimmen.«
Dies mag auch erklären, warum bisweilen so *erbittert* um Geschmacksfragen gerungen wird. Ähnlich wie Speisen und Getränke können uns künstlerische Werke unmittelbar affizieren, sie ziehen durch unsere Augen oder den Gehörgang in den Körper ein und lösen dort wahlweise Empfindungen der Lust oder des Ekels aus. *Die Musik war ein Ohrenschmaus, das Bühnenbild eine Augenweide. Das Ende war mir zu süßlich. Ich fand das Libretto zum Kotzen.*

Allerdings stellt die Verwendung des Begriffs Geschmack, wie er in der ästhetischen Theorie verwendet wird, im Vergleich zum ursprünglichen, gustatorischen Sinn eine Bedeutungsverengung dar. Schließlich hat der Zungengeschmack, über den wir bereits als Embryo verfügen, zwei zwar verwandte, aber verschiedene Funktionen. Zum einen dient er wie beschrieben dazu, genießbare von ungenießbaren Speisen zu unterscheiden und die nährstoffliche Versorgung unseres Körpers sicherzustellen. Zum anderen verschafft er aber auch eine Erfahrung des *Genusses,* die weit über diese pragmatische Funktion hinausgeht. Anders wäre kaum zu erklären, warum wir so viel Mühe auf das Verfeinern und Würzen unserer Nahrungsmittel verwenden oder weshalb wir manchmal weiterspachteln, obwohl den physiologischen Bedürfnissen längst Genüge getan ist.

Die ästhetische Theorie reduziert den Begriff auf diese zweite Dimension. Der Geschmack, so wie Immanuel Kant ihn definiert, fragt nicht danach, ob etwas lebensnotwendig, gesund, nützlich, angenehm oder moralisch gut sei – nein, es geht einzig und allein darum, ob die Vorstellung dieser Sache im Subjekt ein Gefühl der »Lust« oder der »Unlust« erweckt. Ein »reines Geschmacksurteil«, so Kant, könne niemals mit einem körperlichen Begehren verbunden sein, sondern entspringe der »bloßen Betrachtung«, einer Anschauung und Reflexion, die von jedem konkreten Gebrauchswert absieht und stattdessen, wie es in Kants berühmter Formulierung heißt, von »interesselosem Wohlgefallen« geleitet ist. »Das Interesse des Geschmacks«, kommentiert Gunter Gebauer, »ist einzig auf das Schöne gerichtet.«

Das gilt auch für die Nahrungsaufnahme. Wer aus physiologischer Notwendigkeit isst oder trinkt, der handelt interessegeleitet und bewegt sich im Kant'schen Sinn jenseits ästhetisch-geschmacklicher Kategorien: »Hunger ist der beste Koch, und Leuten von gesundem Appetit schmeckt alles, was nur eßbar ist; mithin beweiset ein solches Wohlgefallen keine Wahl nach Geschmack.« Ist der Hunger hingegen gestillt und der Durst gelöscht, ist die Frage des Interesses also ad acta gelegt, können Zunge und Urteilskraft sich endlich dem reinen, unverfälschten *Geschmack* widmen: »Nur wenn das Bedürfnis befriedigt ist, kann man unterscheiden, wer unter vielen Geschmack habe, oder nicht.« Anders gesagt: Kants Theorie gibt durchaus der Möglichkeit Raum, dass nicht bloß ein Bild, Konzert oder Gedicht, sondern auch eine Mahlzeit Kunst und mithin der philosophischen Betrachtung wert sein kann. Aber: Um dies beurteilen zu können, muss man erst einmal satt sein.

Smakeloos Die Übertragung des Begriffs *Geschmack* aus der Sphäre der Kulinarik in jene der Ästhetik fand nicht nur im deutschen Sprachraum statt. Auch das englische Wort *taste*, das französische *goût*, das italienische *gusto*, das russische *вкус* oder das niederländische *smak* kennen, um nur einige Beispiele zu nennen, diesen Doppelsinn. Die beiden Bedeutungen, die wörtliche und die übertragene, begegnen und überkreuzen sich anschaulich in einem Werk des niederländischen Künstlers Rob Scholte mit dem vielsagenden Titel »Smakeloos«, zu Deutsch: Geschmacklos.

Das großformatige Gemälde aus dem Jahr 1986 zeigt in illusionistischer Präzision und Draufsicht eine Mischpalette aus Holz – traditionelles Arbeitswerkzeug und symbolisches Attribut aller Maler, die in Öl beziehungsweise, wie Scholte, in Acryl arbeiten. Weiches Atelierlicht durchflutet den Raum, es kommt von links oben und erhellt die Palette, die auf ein Tuch platziert und damit als Protagonistin des Gemäldes ausgewiesen ist. Um das Daumenloch in der Mitte türmen sich verschiedenfarbige Häufchen, auf den ersten Blick scheint es sich um Farbpigmente zu handeln – aber nein: Es sind offenbar Prisen verschiedener Gewürze. Das legt einerseits der Titel, andererseits und vor allem aber eine am rechten unteren Bildrand stehende Blechdose mit der Aufschrift »Sharwood's Curry Powder« nahe. Bei den grobkörnigen, bunt durchmischten Häufchen auf der Palette dürfte es sich hingegen um Portionen der als »Hagelslag« bekannten Zuckerstreusel handeln, die in Holland als Brotbelag populär sind.

Die erste, vergleichsweise plakative Ironie des Bildes ist, dass es den fiktionalen Charakter des Gemäldes, ja, eigentlicher *aller* Kunstwerke deutlich macht. Die dargestellten Gewürze und Genussmittel sind natürlich keineswegs *smakelos*, im Gegenteil: Sie schmecken süß, scharf, salzig, umami, vermutlich auch bitter, die gustatorische Palette ist groß. Würde man jedoch auf das Trompe-l'Œil hereinfallen und versuchen, von den mimetisch gemalten Genussmitteln zu kosten, wäre die Enttäuschung groß: In seiner konkreten Materialität ist das Werk völlig aromaneutral, allenfalls schmeckt es nach getrocknetem Acryl und Leinöl.

Die zweite, subtilere Ironie ist, dass im Titel die beiden Bedeutungsdimensionen des Wortes *smak* gegeneinander ausgespielt werden. Im gustatorischen Sinn mögen die dargestellten Gewürzmischungen und Zuckerkörner extrem geschmacksintensiv sein – aber im übertragenen, ästhetischen Sinn gelten sie als geschmacklos. Sharwood's ist ein britischer Lebensmittelgigant und Marktführer für südostasiatische Lebensmittel und Gewürze: Die von dem Unternehmen vertriebene Currymischung hat ein ähnliches kulinarisches Standing wie Worcestershiresauce oder Tomatenketchup. Und auch der zuckersüße, künstlich-knallbunte Hagelslag ist kein Produkt, nach dem sich ein Feinschmecker die Finger lecken würde, sondern eine zahnmedizinisch fragwürdige Frühstücksdreingabe, die Kinder sich morgens aufs Weißmehlbrötchen streuseln. Das ›kulinarische‹ Kapital dieser Genussmittel ist bescheiden. Jeder Esser, der etwas auf seine Zungenurteilskraft hält, würde von einer solchen Palette die Finger lassen.

Notwendigkeit und Luxus Das Beispiel des makellos *smakeloosen* Gemäldes von Rob Scholte zeigt: Auch kulinarischer Geschmack ist nicht etwas, *das man einfach hat*, so wie man über eine Zunge mit Rezeptorzellen verfügt – es ist vielmehr eine Fähigkeit, die man erwerben, verfeinern, kultivieren kann und muss. Und da die Bildungsmöglichkeiten auch in dieser Hinsicht ungleich verteilt sind, der Zugang zu raffiniert gewürztem, gesundem Essen also beileibe nicht allen Schichten gleichermaßen offensteht, ist er nicht zuletzt auch ein Mittel der gesellschaftlichen Distinktion. »Der Geschmack«, schreibt der Soziologe Pierre Bourdieu, sei nichts anderes als »Natur gewordene, d. h. inkorporierte Kultur, Körper gewordene Klasse«.

War Immanuel Kant noch davon ausgegangen, dass es, bei aller Subjektivität des Geschmacksurteils, doch ein »Gemeingefühl« (*sensus communis*) gebe, welches dafür sorgt, dass unter dem Strich alle Menschen dieselben Gegenstände als schön empfinden, hebt Bourdieu die radikale Unterschiedlichkeit der Geschmäcker hervor, in ästhetischer wie in gustatorischer Hinsicht. *Geschmack* ist für ihn keine allgemeingültige, apriorische Kategorie, sondern stets gesellschaftlich bedingt, ein Produkt von Herkunft und Erziehung und somit wandelbar: Als jede »Form der Inkorporation bestimmendes Klassifikationsprinzip wählt er aus und modifiziert er, was der Körper physiologisch wie psychologisch aufnimmt, verdaut und assimiliert«. Am Essen zeigt sich daher, mindestens ebenso deutlich wie an der Kleidung, der sprachlichen Ausdrucksweise und dem körperlichen Habitus, die gesellschaftliche Stellung eines Subjekts.

Sozial niedrig gestellte Menschen, früher hätte man wohl gesagt: Angehörige des Proletariats, bevorzugen Bourdieu zufolge energiereiche Nahrung, die ohne Umstände, affektierte Tischsitten und zeitliche Verzögerung aufgenommen werden kann – die sich in der Regel aber auch nicht durch übermäßiges aromatisches Raffinement auszeichnet. Bei dieser Art der gustatorischen Wahrnehmung geht es weniger um die Form als vielmehr um die Funktion, um das Wesentliche, die Substanz. Der Soziologe bezeichnet diese Ausprägung des *goût* daher als »Notwendigkeitsgeschmack«.

Angehörige des Bürgertums hingegen schätzen Speisen, die zeitaufwendig zubereitet, augenschmeichelnd serviert und erst nach gehörigem Triebaufschub sowie anhand ausgeklügelter Regeln und Rituale verzehrt werden dürfen (*Welcher Wein passt zu welcher Speise? In welcher Reihenfolge benutzt man das Besteck? Wie handhabt man nochmal eine Schneckenzange?*). Die Qualität ist hier wichtiger als die Quantität, die Form wichtiger als die Funktion, die Sittsamkeit entscheidender als das Sattsein. Um ein solch stilisiertes Verhältnis zum Essen entwickeln zu können, müssen freilich die vitalen Notwendigkeiten gewährleistet, der tägliche Bedarf an Kalorien anderweitig gedeckt sein. Bourdieu bezeichnet diese vornehme Ausprägung des Zungensinns entsprechend als »Luxusgeschmack«.

Mit dem Faible fürs Formale geht beim Luxusgeschmack eine Aufwertung von Speisen einher, die für ungebildete Zungen eine Herausforderung darstellen und beim ersten Probieren als eklig gelten – sowie im Umkehrschluss eine Verachtung für Nahrungsmittel, die sich dem Genuss allzu ostentativ aufdrängen. »Nichts hebt stärker ab, klassifiziert nachdrücklicher, ist distinguierter«, so Bourdieu, »als das Vermögen, beliebige oder gar ›vulgäre‹ (…) Objekte zu ästhetisieren.« Tausendjährige Eier sind dieser Gastrologik zufolge kulinarisch wertvoller als ein Bauernfrühstück und zuckend-glitschige Austern leckerer als eine profane Currywurst.

Diese Haltung ist dabei keineswegs auf gustatorische Erfahrungen beschränkt, sondern erstreckt sich auch auf den ästhetischen Geschmack. Der Bourgeois stuft schwer verdauliche Kunstwerke per se höherwertig ein als solche, die sich leicht konsumieren lassen. Hermetische Gedichte sind demnach wertvoller als ein süffig geschriebener Liebesroman und fünfstündige Wagner-Opern besser als ein dreiminütiger Popsong. Letzterer gilt, zumal wenn er besonders eingängig ist, als kulturindustrieller Trash, als Kitsch – als *Zuckerwatte für die Ohren*. Exemplarisch lässt sich diese Negativbewertung des ästhetisch Allzuleckeren denn auch am symbolischen Niedergang der Geschmacksrichtung süß ablesen.

Yummy Yummy Yummy Bis weit in die Neuzeit war Zucker ein Produkt, dessen Verbrauch fast ausschließlich wohlhabenden Menschen vorbehalten war, da es mit gewaltigem Aufwand (sowie unter beträchtlicher Gewaltanwendung) in überseeischen Plantagen angebaut und auf dem Seeweg nach Europa transportiert wurde. Ein Übermaß an Zucker dürfte mithin ein sprichwörtliches Luxusproblem gewesen sein – und eine negative Verwendung des Begriffs *süß* weithin unbekannt.

Erst an der Wende zum 19. Jahrhundert begann in Deutschland die industrielle Herstellung von Rübenzucker, wodurch das › Weiße Gold‹ auch für untere Schichten erschwinglich wurde. Ungefähr zur selben Zeit setzte eine Bedeutungsverschlechterung der zugehörigen Geschmacksqualität ein. Insbesondere der Begriff *süßlich* wurde, wie es das *Deutsche Wörterbuch* von Jacob und Wilhelm Grimm formuliert, fortan »in dem verächtlichen sinne von ›geziert, fade, weichlich‹« verwendet, und zwar vor allem in der »anwendung auf geistiges«. Nicht *säuerlich, bitterlich* oder *salzig* – nein, ausgerechnet die frühkindlich-libidinös besetzte Geschmacksqualität *süß* wurde zur Leitdifferenz der Geschmacklosigkeit.

Ob dieser Bedeutungsverfall ursächlich mit der Proletarisierung des Genussmittels Zuckers zusammenhängt, sei dahingestellt, fest steht: Eine solche symbolische Abwertung des wichtigsten Kohlenhydrate-Indikators muss eine Gesellschaft sich erst einmal leisten können. Der Ausdruck *süßlich* (wie auch das englische *sugary,* das französische *douçâtre* oder das italienische *dolciastro*) meint: Es ist zwar grundsätzlich lecker – aber einfach zu viel des Guten. Zu viel Schönheit, zu viel Emotionalität, zu viel Höflichkeit, zu viel kristallweiß glitzernde Oberfläche. Anders gesagt: Die pejorative Verwendung des Begriffes *süß(lich)* ist ein Indikator des Überflusses.

Nicht zuletzt spricht aus ihm ein tiefes bürgerliches Misstrauen gegenüber jeglichen Erzeugnissen, die im (kultur)industriellen Maßstab hergestellt werden und die bei ihren Konsumenten ohne Vorspiel und geschmackliche Vorbildung zur Ausschüttung von Dopamin führen. *Süßlichkeit* markiert in diesem Sinne eine Schwundstufe des Kant'schen Schönheitsbegriffs: ein interesseloses Wohlgefallen, das für jedermann und -frau verfügbar und damit beliebig geworden ist.

Im Bereich der Lebensmittelindustrie kann die Produktpalette der Coca-Cola Company als Beispiel für einen solch übel beleumundeten Allerweltsgeschmack stehen. Im Bereich der Kulturindustrie dürfte das ohrenfälligste Exempel der sogenannte Bubblegum-Pop sein, dessen Melodien und Texte ganz bewusst so süßlich, bunt, anspruchslos und kurzlebig sein wollen wie der namengebende Kaugummi. Eine wegweisende Band dieser Musikrichtung nannte sich bezeichnenderweise The Sweet, einer der frühesten Hits des Genres hieß »Yummy Yummy Yummy« (»Lecker Lecker Lecker«). Der erfolgreichste Bubblegum-Pop-Song aller Zeiten aber war – wie sollte es anders sein? – das Stück »Sugar, Sugar«, in dem sich wirklich *alles* um das eine dreht.

> Sugar!
> Ah, honey, honey!
> You are my candy girl
> And you've got me wanting you

Das Lied erreichte in etlichen Ländern, unter anderem den USA, Großbritannien, Deutschland und Österreich, den ersten Platz der Charts und wurde seitdem vielfach gecovert, unlängst von David Hasselhoff. Dem ohnehin schon ramponierten Ruf des Zuckers dürfte dessen klebrige Altherrenversion kaum auf die Beine geholfen haben. Sollte es noch eines weiteren Beweises bedürfen: Auch der jüngste Vorstoß von Bundesernährungs-minister Cem Özdemir, die Werbung für Süßigkeiten weitge-hend einzuschränken, ja, sie im Umfeld von Schulen geradezu zu kriminalisieren, zeigt, wie tief die einstmals so prestige-reiche Geschmacksrichtung *süß* gefallen ist.

Table d'Hôte Die Extremform und Vollendung des von Bour-dieu beschriebenen Luxusgeschmacks dürfte hingegen in der *Haute Cuisine* verwirklicht sein, jener hohen Schule der Koch-kunst, die sich ungefähr zeitgleich zur Umdeutung und Ästheti-sierung des Geschmacksbegriffs in Frankreich entwickelte und von dort über die gesamte wohlsituierte Welt verbreitete. Die Haute Cuisine strebt danach, um den Kant'schen Begriff ein letztes Mal zu bemühen, die geschmackliche Wahrnehmung vom Interesse zu entkoppeln, sie zu einem Zweck an sich zu ma-chen. Wer in ein Drei-Sterne-Restaurant geht, der tut dies nicht, weil Hunger oder Durst ihn zu Tisch treiben. Er schaut beim Es-sen nicht auf die Uhr, weil er gleich wieder an die Arbeit muss. Er kümmert sich auch nicht um den Brennwert des Essens oder den Alkoholgehalt der Getränke – nein, er sucht vor allem die ästhetische Erfahrung. Der Maître eines solchen Etablissements ist denn auch weniger ein Koch als vielmehr ein Zeremonien-meister, ein Zauberer. Eben ein Künstler.

Ein Vorzeigeexemplar dieser Gattung ist Julian Slowik, der (glücklicherweise fiktive) Küchenchef des Restaurants Haw-thorn aus dem Film *The Menu*, der Ende 2022 in die deutschen Kinos kam. Der von Ralph Fiennes gespielte Spitzenkoch – er wird von Angestellten und Gästen nur ehrfurchtsvoll als »Chef« angesprochen – ist ein Meister seines Fachs: Jedes Gericht und Getränk, das er kredenzt, ist hochallegorisch aufgeladen. Die

Menüfolge ergibt eine speziell auf die Speisenden gemünzte Erzählung. Und vor jedem Gang hält Slowik einen kleinen gastrosophischen Einführungsvortrag, wobei er sich nicht nur als Meister der feinen Zunge, sondern auch der geschliffenen Rhetorik entpuppt (ihn verbindet »mit der Sprache – wie mit der Nahrung – eine Liebesbeziehung«, schreibt Roland Barthes über Brillat-Savarin: »Er begehrt die Wörter, und zwar in ihrer Stofflichkeit«). *Do not eat,* bittet der Chef denn auch gleich zu Beginn des Abends seine zwölf auserlesenen Gäste, »essen Sie nicht«. Letztere blicken überrascht, schließlich haben sie pro Zunge satte 1250 Dollar bezahlt, um genau das zu tun: gut zu speisen. »Schmecken Sie«, fährt Slowik nach einer genüsslichen Kunstpause fort. »Genießen Sie. Widmen Sie jedem Bissen, den Sie in den Mund nehmen, Ihre volle Aufmerksamkeit. Seien Sie achtsam. Aber *essen* Sie nicht.«

So sanft und salbungsvoll geht der Abend nicht weiter: Der Chef entpuppt sich im Lauf des Films (*spoiler alert*) als blutrünstiger Psychopath, als frustrierter Küchenkünstler, der seine Kunden verstümmelt, seinen Geldgeber ermordet, Angestellte in den Selbstmord treibt und schließlich zum Dessert das gesamte Restaurant mitsamt Anwesenden in Flammen aufgehen lässt. Auch Slowik hegt, nebenbei bemerkt, eine pathologische Abneigung gegen Zucker: Bevor er seine Gäste anzündet, verpackt er sie in riesige Marshmallows. Das Ganze ließe sich als drastische Parodie auf die Auswüchse eines affektierten Feinschmeckertums lesen, ein nerdiger Foodie etwa macht bis zuletzt Fotos von den aufgetischten Speisen. Bei näherem Hinsehen entpuppt sich der Film aber als horrorgroteske Umsetzung der Bourdieu'schen Ernährungssoziologie.

Die einzige Person, die das Marshmallow-Massaker überlebt, ist bezeichnenderweise Margot, eine Escort-Dame, die rein zufällig auf der Gästeliste gelandet ist, weil der erwähnte Food-

Nerd für seinen Restaurantbesuch eine Begleiterin brauchte. Sie ist der einzige Gast mit explizitem *lower class*-Hintergrund – und dieser zeigt sich auch in ihren kulinarischen Vorlieben und Abneigungen. Margot macht das ganze Bohei um die ästhetizistische Sterneküche einfach nicht mit. Sie raucht vor dem Essen und ruiniert sich dadurch, wie ihr Begleiter tadelnd anmerkt, die Zunge. Sie lässt die Speisen zurückgehen, wenn sie ihr nicht schmecken. Sie beschwert sich, weil sie nach sechs Gängen immer noch hungrig ist. Und sie fordert Chef Slowik am Ende frontal heraus, indem sie – *yucky yucky yucky* – einen Cheeseburger mit Pommes bestellt: »Nicht irgendso ein raffinierter, dekonstruierter, kostspieliger Bullshit. *A real cheeseburger.*«

Slowik folgt ihrem Wunsch, zuerst sachte skeptisch, dann zunehmend entflammt – und findet kurz vor seinem allerletzten Gang, zum ersten Mal seit Jahren, tatsächlich wieder Erfüllung in der Küche. Die Zunge, so lautet die Moral dieser nicht gerade zimperlichen Splattergroteske, ist eben nicht nur das hochkalibrierte Instrument eines dekadenten Genusssinns – sie ist vor allem ein Organ, um das schiere Überleben zu sichern: Enthält die Nahrung Kohlenhydrate? (Im Falle des Cheeseburgers: *check*). Enthält sie Salze? (*Check.*) Fette? (*Check.*) Ist sie auch nicht zu bitter oder sauer? (*Check, check.*)

Die Grobschmeckerin Margot bekommt ihren Burger sogar *to go*, sie darf das Restaurant verlassen, mit tastenden Schritten verlässt sie den Ort des Gemetzels. In der finalen Szene des Films verzehrt sie genüsslich ihr Fast Food, während im Hintergrund der Gaumentempel in Flammen aufgeht. Der Luxusgeschmack wird flambiert – der Notwendigkeitsgeschmack gewinnt. Der Mund der Protagonistin artikuliert kein einziges Wort, doch ihr Gesichtsausdruck sagt spöttisch: Ätsch!

zeigen

Alle zugleich streckten die Zungen ganz lang
zum Munde heraus, nie hätte ein Europäer ihnen
das nachtun können; eine frühe und lange
Übung hatte sie dazu befähigt.

Elias Canetti, *Masse und Macht*

Wer schon mal ein Spiel der neuseeländischen Rugby-National-
mannschaft gesehen hat, ja, wer womöglich schon einmal selbst
in Neuseeland war und einen *Haka* besucht hat, weiß, dass das
kollektive Zungeherausstrecken dort Tradition hat. Der Haka
ist ein alter, ritualisierter Kriegstanz der Maori – er wird aber
seit über hundert Jahren auch von nicht-indigenen Gruppen
aufgeführt, vor allem von Angehörigen des Militärs sowie von
Sportlern vor dem Spiel. Der wohl spektakulärste Bestandteil
des Rituals, jener Aspekt, auf den sich Elias Canetti in seinem
philosophischen Hauptwerk *Masse und Macht* bezieht, ist das
prononcierte Zeigen der Zunge: eine Geste, die dem Gegner
Angst einflößen und sein baldiges Dahinscheiden symbolisieren soll.

Kein Wunder, dass die Augen der Weltöffentlichkeit erwartungsvoll auf Prinz Harry ruhten, als der britische Spross 2015
den Commonwealth-Staat im Südpazifik besuchte und als Mit-
glied der Armee protokollgemäß an einem Haka teilnahm. Wie
würde er den zungenmäßigen Höhepunkt des Rituals, *whetero*
genannt, bewältigen? Allein, alle gespannten Erwartungen
wurden enttäuscht: Die anwesenden Pressefotografen wurden
in die hinterste Reihe des Publikums verbannt, allfällige Abbil-

dungen des royalen Mundraums durchgängig zensiert – vom wichtigsten Augenblick des Haka gibt es keinen einzigen Bildbeweis. Die Medienwächter der Monarchie wachten peinlich darüber, dass der Prinz nicht mit gebleckter Zunge zu sehen ist.

Ausnahmsweise Das öffentliche Hervorzeigen der Zunge gilt, wie man am Beispiel des Duke of Sussex sieht, in der westlichen Welt für Erwachsene nach wie vor als Tabu – zumindest, wenn es sich bei ihnen um Respektspersonen handelt und ihnen daran gelegen ist, diesen Respekt zu wahren. Die Zunge stellt also interessanterweise nicht nur eine Kränkung für denjenigen dar, dem sie herausgestreckt wird, sondern auch für den, der sie zeigt: Sender und Empfänger sind in einem wechselseitigen Beschämungsverhältnis miteinander verbunden.

Ausnahmen? Bestätigen die Regel. Das ikonische Motiv von Albert Einstein, auf dem dieser den Fotografen frech die Zunge herausstreckt, konnte vermutlich nur deshalb so berühmt werden, weil man *so etwas* als Professor und Physik-Nobelpreisträger eigentlich nicht macht. Hätte einer seiner Studierenden sich ähnlich verhalten, wäre das wohl als unverschämt-juvenile Trotzgeste verbucht worden.

> Hast du's zu tun jedoch mit Toren
> Ist jedes kluge Wort verloren.
> In solchem Fall, wie Ihr entdeckt,
> Hab' ich die Zung' herausgestreckt,

dichtete Einstein hinterher zu seiner Rechtfertigung in kaum minder kindlichen Knittelversen. Womöglich galt der Wissenschaftler – damals bereits jenseits der siebzig und mit genia-

8 Albert Einstein an seinem 72. Geburtstag in Princeton
(Foto von Arthur Sasse, 1951)

lisch verwuscheltem grauem Haupthaar – so sehr als Inbegriff des *mad scientist*, dass man ihm eine solche Gebärde respektvoll zugestand. Vielleicht war der Entdecker der Allgemeinen Relativitätstheorie auch kurzzeitig in ein Wurmloch gerutscht und hatte sich in ein Kind zurückverwandelt.

Das Foto (es stammt aus dem Jahr 1951) markiert aber auch eine Schwellenzeit. Es entstand, wenn man so will, am Übergang zum Glossozän, der eingangs skizzierten Epoche eines zunehmend toleranten Umgangs mit der Zunge. Seit der zweiten Hälfte des 20. Jahrhunderts, vor allem mit dem Aufkommen der Performance-, Pop- und Provokationskunst, erhielt das Organ – wenn nicht in der Boulevard-Berichterstattung über die Royals, so doch zumindest in der Kulturwelt – endlich die Aufmerksamkeit, die ihm gebührt.

Hot Licks Am prominentesten tritt die Zunge seit den Sechzigerjahren in der männlich-phallisch geprägten Rockmusik in Erscheinung. Man denke an die amerikanische Gruppe Kiss, deren Mitglieder nicht nur durch großzügig aufgetragene Gesichtsschminke und extravagante Ganzkörperkostümierungen, sondern auch durch suggestives Herausstrecken der Zunge bekannt wurden – etwa auf dem Cover des vielsagend betitelten Albums »Lick It Up« oder auf jenem von »Rock and Roll Over«, wo Bassist und Sänger Gene Simmons sein dämonisch langes Organ präsentiert. Man denke an die Red Hot Chili Peppers, an ihr Durchbruchalbum »Blood Sugar Sex Magik« aus dem Jahr 1991, wo alle vier Musiker zugleich die Zungen herausstrecken: Ihre Gesichter rahmen das Cover ein, die Organe sind zu schwarzen Linien stilisiert und verflechten sich in der Bildmitte zu einem tribalistischen, homoerotischen Ornament. Oder man denke, *last but certainly not least,* an die Rolling Stones, die seit 1971 eine herausgestreckte Zunge als Markenzeichen haben.

Der Designer des Logos, John Pasche, studierte noch am Royal College of Art in London, als Stones-Sänger Mick Jagger mit der Bitte an ihn herantrat, ein Poster für die bevorstehende Europa-Tournee sowie ein Symbol zu entwickeln, das die Band für Programmhefte, Pressematerialien und andere Druckerzeugnisse verwenden könnte. Als Vorbild schlug Jagger ein Bild der indischen Gottheit Kali vor, die traditionell mit herausgestreckter Zunge dargestellt wird. Doch Pasche befürchtete, vermutlich nicht ganz zu Unrecht, dass das Interesse an fernöstlicher Spiritualität in der westlichen Alternativkultur bald wieder nachlassen und das Logo dann antiquiert aussehen könnte: »Das war so eine Phase, die damals alle durchmachten.«

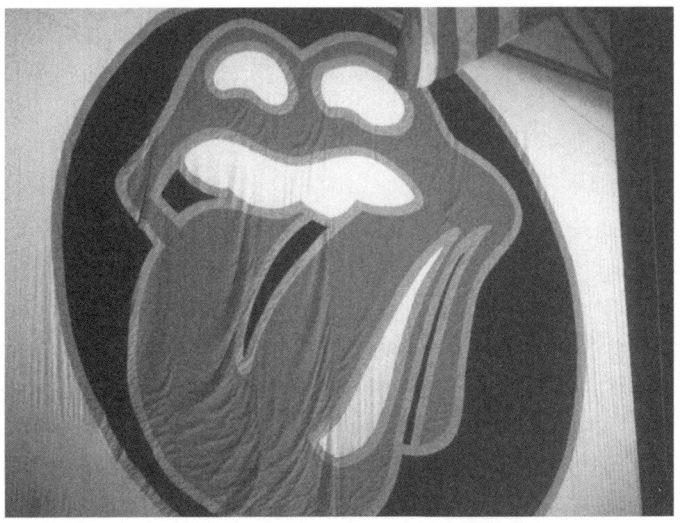

9 John Pasches Logo für die Rolling Stones, hier auf einem Bühnenbanner (ca. 1975)

Die Idee, eine Zunge als Motiv zu verwenden, blieb aber bestehen, und nach einigen Versuchen landete Pasche bei dem mittlerweile weltweit bekannten Entwurf: zwei knallrot geschminkte, androgyne Lippen mit weißen Glanzreflexen, dazwischen eine Reihe blitzblanker Schneidezähne – außerdem und vor allem aber eine herausgestreckte Zunge, unnatürlich breit und im selben Farbton wie die sie umrahmenden Lippen; diese scheinen dadurch förmlich mit ihr zu verschmelzen zu einem einzigen, schlüpfrig-provokativen Organ. Es wurde häufig gemutmaßt, dass es sich bei dem Logo um ein Portrait der Mundpartie von Mick Jagger handele, aber Pasche streitet das ab: »Es sollte einfach ein Zeichen der Rebellion sein, so wie Kinder den Leuten die Zunge herausstrecken.« Der junge Designstudent erhielt damals fünfzig Pfund für seinen Entwurf – 2008 verkaufte er die Originalzeichnung für mehr als 90 000 Dollar an das Londoner Victoria & Albert Museum. Es dürfte sich mithin nicht bloß um um eine der berühmtesten, sondern auch eine der teuersten Zungendarstellungen aller Zeiten handeln.

Mund zu, es zieht In den Jahrhunderten vor der Veröffentlichung von John Pasches Logo war die Darstellung von Zungen, überhaupt des gesamten Oralraums, in der bildenden Kunst verpönt. Seinen wohl prägnantesten Ausdruck fand diese Haltung in Gotthold Ephraim Lessings Aufsatz »Laokoon oder über die Grenzen der Malerei und Poesie«, in dem der Dichter erklärt, warum der antike Laokoon in der nach ihm benannten Skulpturengruppe den Mund im Todeskampf allenfalls einen Spaltbreit geöffnet hat: Der Künstler, der ihn schuf, »mußte Schreien in Seufzen mildern; nicht weil das Schreien eine unedle Seele verrät, sondern weil es das Gesicht auf eine ekelhafte Weise verstellet«, schreibt Lessing. »Die bloße weite Öffnung des Mundes (…) ist in der Malerei ein Fleck und in der Bildhauerei eine Vertiefung, welche die widrigste Wirkung von der Welt tut.«

Undenkbar, dass ein Herrscherportrait oder Reiterstandbild den Kaiser, König, Edelmann mit weit aufgerissenem Mund oder gar schamlos heraushängender Zunge zeigte. Unvorstellbar, dass auf einer Kreuzigungsszene die Zunge des toten Erlösers sichtbar wäre – obwohl dieser dem Neuen Testament zufolge in den Stunden seines Dahinscheidens unter schrecklichem Durst litt und den meisten Menschen im Moment des Todes die Gesichtszüge entgleiten. Auch der Moment, in dem Jesus verzweifelt nach dem Gottvater schreit (*Eli, Eli, lama sabachthani!*), ist in der Regel ohne das zum Schreien eigentlich unerlässliche Organ dargestellt.

Wenn auf älteren Bildern, Zeichnungen oder Skulpturen Zungen zu sehen sind, handelt es sich bei deren Inhabern nicht um Adlige, Kleriker oder gar Gottessöhne, sondern zumeist um Angehörige des dritten Stands oder gleich des von Marx so gescholtenen Lumpenproletariats. Etwa auf dem Ölgemälde »Der Dudelsackspieler und die Alte« des niederländischen Meisters Pieter Huys aus dem Jahr 1571, das heute in der Gemäldegalerie in Berlin hängt. Der titelgebende Musikant sitzt an einem groben Holztisch, offenbar in einer Kneipe. Zu seiner Linken befindet sich eine Frau mit losem Gebaren und offenem Weinkrug, anscheinend hat sie den Dudelsackspieler besoffen gemacht, denn sie grinst den Betrachter wissend an und fingert gerade mit ihrer freien Hand nach der Geldbörse des Künstlers. Dessen Gesten sind fahrig, die Pfeife ist ihm entglitten, seine Augen sind verdreht – vor allem aber steht sein Mund sperrangelweit offen und gibt den Blick auf eine schamlos sich räkelnde

Zunge frei. Das herrenlose Organ markiert seine Trunkenheit und steht zugleich stellvertretend für die desolate Verfasstheit des ganzen Kerls: Kann man jemandem trauen, der seine Zunge nicht im Griff hat? Dieser Mann hat die Kontrolle über die Sprache, sein Instrument, seine Musik und seinen Beruf, kurz: seine Ratio und seinen Daseinszweck verloren.

Verdammte Seelen Bei anderen Glossibitionisten symbolisiert die herausgestreckte Zunge nicht nur den Verlust von Geld und Bewusstsein, sondern gleich jenen des Seelenheils, ja, des Lebens. Die Marmorbüste mit dem Titel *Anima dannata* von Gian Lorenzo Bernini aus dem frühen 17. Jahrhundert beispielsweise zeigt einen Mann mittleren Alters, das Haar ähnlich wirr verwuschelt wie jenes von Albert Einstein – aber seine Mimik ist nicht spielerisch-frech, sondern drückt Verzweiflung aus, Schrecken, Schmerz, Angst vor einem infernalischen Grauen, das nur er sehen kann. Die Stirn ist zerfurcht, die Augen sind weit aufgerissen, die Pupillen geweitet, aus dem Mund dringt ein stummer Schrei sowie, wie wir vermuten dürfen, das *pneuma*: seine Seele. Beide Vorgänge, das Herausbrüllen des Leidens und das Aushauchen des Lebens, sind naturgemäß nicht sichtbar. Symbolisiert werden sie durch ein einziges Zeichen: die verzweifelt herausgestreckte Zunge.

Noch deutlicher (und drastischer) ist ein Werk des sizilianischen Wachsbildners Gaetano Zumbo, der, ungefähr eine Generation nach Bernini, neben lebensgetreuen Abbildungen von Pestkranken, rattenzerfressenen Leichnamen und verwesenden Hundekadavern ebenfalls die Darstellung einer *Anima dannata* schuf. Auch dieses Werk zeigt notgedrungen nicht die abstrakte Seele, sondern deren fleischliche Verkörperung. Die

Züge der Figur sind karikaturhaft verzerrt, das Haar weht medusenhaft wild, die Augen treten fast aus ihren Höhlen – die Zunge schließlich, die das exakte Zentrum des Werkes bildet, steht beinahe senkrecht im Mund, sie scheint hervorzuschießen wie ein Pfeil, nichts wie weg von hier, das ist ihr Ziel. Ihre feuerrote Färbung verbindet sie symbolisch mit den Flammen der Hölle, die im Hintergrund lodern und denen die Seele vergeblich zu entkommen sucht.

Dass es in diesem Wachsrelief maßgeblich um die Zunge geht (ja, dass diese die arme Seele möglicherweise erst durch gotteslästerliches Geplapper oder lüsternes Lecken in diese missliche Situation gebracht hat), wird durch zwei gehörnte Monster im Bildvordergrund verdeutlicht. Aus ihren karpfenartigen Mäulern ragt ebenfalls je eine Zunge, ein überlanger Lappen, speichelglänzend, forsch vorwärtsdrängend, kein Organ der Angst, sondern eines des Appetits. Wir, so scheinen diese monströsen Zungen zu sagen, werden dich, verdammte Seele, gleich verschlingen. Lästern, Schreien, Schlecken, Schlingen: Verschiedenste Formen der Zungentätigkeit sind in diesem winzigen, gerade einmal fünfundzwanzig Zentimeter hohen Bronzerahmen vereinigt.

Verschobene Organe Die herausgestreckte Zunge kann also ein Zeichen des Kontrollverlusts sein, ein Symbol des Suffs, der Schmerzen, der Sterblichkeit, nicht zuletzt auch ein Signum der ewigen Verdammnis: Kein Wunder, dass Herrschende angesichts dieser fragwürdigen Konnotationen mit ihr nichts zu tun haben wollten. Aber noch mindestens ein weiterer Grund spricht dafür, die Zunge in der Öffentlichkeit diskret verborgen zu halten: Ihr haftet etwas unzweifelhaft Genitales an.

Zum einen ähnelt sie, wie die eingangs diskutierten Platten-cover von Kiss und anderen Cockrockern insinuieren, struktu-rell dem Penis. Wie dieser befindet sich die Zunge exakt auf der Medianlinie des Körpers. Sie hat eine vage phallische Form. Sie ist schimmernd und feucht. Sie kann, wie die männliche Eichel aus der Vorhaut, zwischen den sie bedeckenden Lippen hervor-geschoben und wieder zurückgezogen werden. Und sie kann der genitalen oder analen Stimulation und Penetration dienen. Etliche obszöne Gesten spielen mit dieser Analogie zwischen Zunge und Penis: etwa die, bei der das Oralorgan wie ein eri-giertes Glied zwischen geschlossenen Lippen hervorgepresst wird. Oder jene, bei der die Zunge, merklich schlapper, »im of-fenen Mund von einer Seite zur anderen pendelt«, wie der Ver-haltensforscher Desmond Morris schreibt. Diese Geste sei vor allem im Nahen Osten gebräuchlich und »ein beleidigender Antrag eines Mannes an eine Frau«.

Zum anderen kann die Zunge, worauf die Kulturwissen-schaftlerin Claudia Benthien hinweist, aber auch für das weib-liche Geschlecht stehen: genauer gesagt für die Klitoris, die auf-grund ihrer Form bisweilen auch als *Schamzünglein* oder *Zun-ge der Liebe und Süßigkeit* apostrophiert wurde. Im Französisch der Frühen Neuzeit war entsprechend die verniedlichende Um-schreibung *languette*, ›Zünglein‹, gebräuchlich. Und eine vul-gäre englische Beschimpfungsformel aus der Shakespeare-Zeit setzt Zunge und Klitoris, Mund und Vulva gleich in eins und lautet, in weniger förmlicher Nomenklatur: *Thy tongue a Cly-toris, thy Mouth a cunt.*

Dass das Wissen um diese anatomische Kongruenz nicht mit dem Elisabethanischen Zeitalter verschwunden ist, dass es sich heutzutage sogar brachial-feministisch aneignen lässt, zeigt ein Clip des afroamerikanischen Rap-Superstars Megan Thee Stallion aus dem Jahr 2021. Das Video zu ihrem Song »Thot

Shit« dreht sich um einen bigotten Abgeordneten des US-amerikanischen Senats (offensichtlich eine Karikatur des Republikaners James P. Bradley). Der alte, *weiße* Senator wird gleich zu Beginn des Clips als Ausbund an christlich-konservativer Doppelmoral inszeniert. Erst betrachtet er am Bürocomputer ein Video von Megan Thee Stallion und Kolleginnen, suhlt sich in seiner Empörung, beschimpft das Machwerk in der Kommentarspalte als »dumm« und »regressiv« und fordert, die darin mitwirkenden »Schlampen« sollten den Mund mit Weihwasser ausgewaschen bekommen. Dann lässt er die Hosen herunter und masturbiert zu ebenjenem Video mit seinen vermeintlich schmutzigen Lyrics und der Darstellung suggestiv twerkender, das heißt rhythmisch den Hintern schüttelnder Frauen.

Aber die Strafe für dieses *doppelzüngige* Verhalten lässt nicht lange auf sich warten. Beim Verlassen seines Bürogebäudes wird der Senator von einem vorbeirasenden Müllwagen gerammt und landet prompt in der Hölle: in einer Art matriarchalem Paralleluniversum, das ausschließlich von übersexualisierten *Women of Color* (allen voran Megan Thee Stallion) bewohnt ist. Wie eine unterdrückte Begierde tauchen diese plötzlich an allen möglichen und unmöglichen Orten auf – im Supermarktregal, auf dem Heck eines Polizeiwagens, im Büro, im Restaurant – und twerken, was das Zeug hält.

In diesen Szenen zeigt die Hip-Hop-Künstlerin bereits reichlich Zunge, nicht sexuell-suggestiv, eher selbstbewusst: eine symbolische Aneignung des Phallus und der mit ihm assoziierten Potenz. Aber der wahre *glossal turn* kommt ganz zum Schluss: Der böse Senator findet sich auf einem OP-Tisch wieder und muss sich unter den fachkundigen Händen von Dr. Stallion und Assistentinnen einer plastischen Gesichtsoperation unterziehen. In der letzten Einstellung sehen wir ihn wieder in seinem Büro, er möchte mutmaßlich etwas Empörtes sagen, ist dazu aber nicht mehr in der Lage: Anstelle seines zuvor noch überheblich grinsenden Mundes befindet sich nun eine Vulva, seine Zunge versucht verzweifelt, sich durch die Öffnung einen Weg nach draußen zu kämpfen, bringt aber keinen Laut zustande. Pikanterweise ähnelt ihre Spitze dabei frappierend einer Klitoris. Wollte man aus diesem postfeministischen Body-Horrortrip-Clip eine Moral ableiten, so könnte sie lauten: Die frauenfeindlichen Tiraden konservativer Politiker sind mindestens ebenso ›schmutzig‹ und ›anstößig‹ wie, aus reaktionärer Sicht, ein twerkender Hintern oder ein weibliches Geschlechtsteil.

Wölben und Buckeln Von solchen genitalen Zuschreibungen einmal abgesehen, kann die herausgestreckte Zunge aber auch ganz einfach die Zunge symbolisieren. Zum Beispiel auf einem Foto des Rolling-Stones-Frontmanns Mick Jagger von einem der letzten Auftritte der Band auf der European Tour 1973 in Rotterdam (Abb. 10). Der Mund des Sängers ist weit aufgerissen, weit wölbt sich das Organ aus seiner Höhle, wir sehen die schimmernde Muskulatur der Zungenunterseite, der Zungenkörper ist um fast hundertachtzig Grad nach hinten gebogen, sodass die Spitze die Oberlippe berührt. Die Zunge ist hier weder phallisch konnotiert noch ähnelt sie in irgendeiner Form der Klitoris. Dennoch ist die Geste eindeutig erotisch aufgeladen. Warum?

Die komplizierte, phänomenologische Antwort lautet: weil sich die Zunge aus der Enge des Oralraums befreit hat; weil sie über das Gefängnis des Mundes triumphiert. Folgt man dem bereits erwähnten Leibesphilosophen Hermann Schmitz, resultiert das Gefühl der Wollust nämlich stets aus einem Wechselspiel zwischen Enge und Weite, Spannung und Schwellung.

Ein leiblicher Impuls schwillt gegen einen Widerstand an, wird durch ihn aufgehalten und in Anspannung versetzt: Entscheidet die Spannung den Widerstreit zu ihren Gunsten, führt dies zu einer Empfindung der Angst oder des Schmerzes. Kann sich die Schwellung hingegen durchsetzen, wird die entstandene körperliche Weitung als wollüstig empfunden.

Im Mundraum spielt sich dieses Konkurrenzverhältnis nun vor allem zwischen der weichen, sich weitenden Zunge und dem harten, restriktiven Gaumen statt. »Die Zunge kann in genießerischer Dehnung den Widerstand des Gaumens als spannenden Stachel ihrer wollüstigen Schwellung auskosten«, schreibt Schmitz. Sie mag vom Gaumen gehemmt werden, doch sie weiß: Der Kiefer kann sich jederzeit öffnen. Weitet er sich, kann die anschwellende Zunge sich also durchsetzen, so kommt es zu jener von Mick Jagger idealtypisch verkörperten Geste,

bei der sich die gedehnte Zunge im ziemlich weit offenen Mund mit ihrer umgeschlagenen Spitze kräftig gegen den Gaumen stemmt. Diese Gebärde wird wohl jedermann leicht am eigenen Leibe oder beim Erblicken am fremden Körper als Darstellung oder Erzeugung eines übermütigen, wollüstig getönten Vergnügens imponieren.

So weit die phänomenologische Erklärung. Die entwicklungsgeschichtliche Antwort auf die Frage, warum die Zunge von Mick Jagger erotisch wirken mag, lautet: weil das spannungsvolle Wölben und Buckeln der Zunge auf jene orale Bewegung zurückgeht, mit der Säuglinge nach der Mutterbrust suchen. Die »Sexy-Zunge«, schreibt Desmond Morris, erinnere uns unbewusst an »die Zungenbewegungen der lustvollen Augenblicke unserer Kindheit«: Gefühle der Glückseligkeit, zu denen

10 Mick Jagger bei einem Auftritt in Rotterdam
(Foto von Graham Wiltshire, 1973)

wir zeitlebens zurückstreben – die wir aber allenfalls augenblickhaft erlangen können, etwa in Momenten sexueller Ekstase.

Die einfachste Antwort auf die Frage, weshalb eine demonstrativ herausgestreckte Zunge erotisch interpretiert wird, lautet: weil sie, wie wir im Kapitel »lecken« gesehen haben, auch ein Instrument der genitalen Stimulation sein kann. Indem man seine Zunge präsentiert, weist man auf die Möglichkeit des Cunnilingus beziehungsweise der Fellatio hin.

Wer Äh sagt, muss auch Bäh sagen Die erotische Dimension unterscheidet diese Form des Glossibitionismus von der rotzig-provokanten Geste des Zungezeigens, wie man sie von kleinen Kindern kennt. Auch die Tatsache, dass die »Sexy-Zunge« meist geräuschlos praktiziert wird, während das kindliche Zungeherausstrecken von rudimentären Lautäußerungen wie *Äh!* oder *Bäh!* begleitet wird, markiert eine klare Differenz. Das deutlichste äußere Zeichen, um diese zwei Formen des Züngelns zu unterscheiden, ist aber die Haltung der Zungenspitze. Weist sie, wie bei Mick Jagger, nach oben, so ist die Geste in der Regel erotisch gemeint. Weist sie hingegen nach unten, sodass sich der Zungenrücken in seiner ganzen Pracht entfaltet, handelt es sich unzweifelhaft um eine Beleidigung.

Eine Fülle von Bedeutungsnuancen schwingt bei dieser Geste mit. Zum einen lässt die Richtung der Zungenspitze sich deiktisch interpretieren: So wie die nach oben gereckte Zunge auf den ›Höhepunkt‹, den Himmel der sexuellen Ekstase verweist, deutet die nach unten hängende Zunge auf die Erde: auf die *Hölle*, zu welcher der andere fahren möge, oder auch den sprichwörtlichen *Dreck*, in den man ihn ziehen will.

Zum anderen lässt sich die Geste metonymisch lesen, als verschobener Sprechakt, als wortlose Aufforderung zur Analreinigung: *Dies ist das Organ, mit dem du mich am Arsch lecken kannst.* Für diese Interpretation spricht die Tatsache, dass es im europäischen Mittelalter zwei vorherrschende Beleidigungsgesten gab: das sogenannte *Blecken*, also das ostentative Entblößen des Hinterns, sowie das *Zannen*, bei dem der Mund in die Breite gezogen und die Zunge herausgestreckt wird. Womöglich verweisen beide Gesten auf dieselbe Tätigkeit, setzen dazu aber an den entgegengesetzten Enden der Parabel an: einmal bei dem Körperteil, das geleckt werden soll, und einmal bei jenem, mit dem geleckt wird. Das Arschlecken wäre demnach die Schnittmenge dieser beiden Gebärden und der Hintern jener Ort, wo sie sich begegnen; der kleinste gemeinsame Nenner zwischen Zannen und Blecken.

Drittens handelt es sich beim Zannen um eine apotropäische Gebärde, das heißt eine Geste, mit der böse Geister oder andere Gegenspieler abgewehrt werden sollen. Indem man die Zunge herausstreckt; indem man zusätzlich mit den Fingerspitzen die Backentaschen in die Breite zieht; indem man womöglich sogar noch schielend die Augen verdreht und quasimodohaft den Kopf schief legt, entstellt man die eigenen Züge zur grotesken Fratze. Man macht sich selbst zum Monster, um andere Monster das Fürchten zu lehren, wie die Statuen und Wasserspeier, die an den Fassaden mittelalterlicher Kirchen oder Bürgerhäuser angebracht sind und der Welt die Zunge herausstrecken. Sie signalisieren allen Teufeln, Dämonen und Herumtreibern: *Wir müssen draußen bleiben.* Die berühmteste Figur dieser Art sitzt über den Dächern von Paris, auf der Kathedrale von Notre-Dame (Abb. 11).

Viertens und zu guter Letzt lässt sich die herausgestreckte Zunge als Ausdruck des stilisierten Ekels verstehen. Auch diese

Bedeutungsdimension kann man aus der frühkindlichen Entwicklung herleiten: Die trotzig herausgedrückte Zunge dient dem Säugling als mimisches Zeichen der Nahrungsverweigerung, als unzweideutige Geste, dass er vom Stillen genug hat: *No milk today.* Die Gebärde wird aber auch von abgestillten Kindern, Jugendlichen und Erwachsenen genutzt und manchmal pantomimisch verstärkt, indem der gestreckte Zeigefinger in den weit geöffneten Mundraum eingeführt und suggestiv schnell vor und zurück bewegt wird, als wollte man einen Würgereiz auslösen. »Man produziert dabei leicht einen Laut, der wie ›äh‹, ›ätsch‹ klingt«, schreibt der Philosoph Peter Sloterdijk, »in größerer Erregung auch ein ›Bäh‹ oder ›Uäh‹, wobei der Ausdruck von Mißachtung überwiegt.« Missachtung? Das ist noch ausnehmend freundlich formuliert. Laute wie *Äh, Bäh* und *Uäh* sind – vor allem, wenn sie weit hinten im Rachen, als stimmhafter pharyngaler Reibelaut gebildet werden – verdächtig nah an jenem Geräusch, das man beim Erbrechen produziert. Wer die Zunge herausstreckt und dabei einen solchen Laut von sich gibt, sagt damit seinem Gegenüber: *Ich finde dich zum Kotzen.*

Immer wieder Bum Bum Man sieht: Die Möglichkeiten, mit der Zunge etwas auszudrücken, ohne sich dabei der Sprache zu bedienen, sind schier unerschöpflich. Allerdings können solche nonverbalen Aussagen auch unbewusst stattfinden. *Alle Glieder am Menschen sind Zungen,* lautet ein altes Sprichwort, will meinen: Unsere Körpersprache verrät uns. Das gilt natürlich nicht nur für Hände, Arme, Beine, Rücken und Kopfhaltung, sondern auch für das Glied in unserem Mund: Wie ein aufsässiger Siebenjähriger entzieht es sich der rationalen Kon-

11 Wasserspeier an der Kathedrale von Notre-Dame (19. Jahrhundert)

trolle, plaudert unsere intimsten Geheimnisse aus – und zwar, ohne dass es ein einziges Wort artikuliert.

Gerade Kinder klemmen, wenn sie sich konzentriert mit einer Sache beschäftigen, die Zunge zwischen die Lippen oder stecken sie geistesabwesend in den Mundwinkel. Alle geistige Energie fließt dann in die Schönschrift, in die Zeichnung für die Oma oder in die Bekämpfung Außerirdischer, für die Aufsicht über die Gesichtszüge sind schlicht keine Kapazitäten mehr frei. Bisweilen setzt sich diese lässliche Unart aber auch bis ins Erwachsenenalter fort. Der erfolgreichste deutsche Tennisspieler und dreifache Wimbledonsieger »Bum Bum«-Boris Becker etwa war nicht nur für seinen im Hechtsprung geschlagenen Volley (»Becker-Rolle«), seine beinharten Returns (»Becker-Blocker«) sowie seine virile Siegergeste (»Becker-Faust«) bekannt, sondern auch dafür, dass er beim Aufschlag oft unwillkürlich die Zunge herausstreckte – eine Angewohnheit, für die er weithin belächelt, die aber anscheinend nur von einem einzigen seiner Gegner adäquat interpretiert wurde. Anhand dieser unwillkürlichen Zungengeste gelang es nämlich Beckers langjährigem Kontrahenten, dem Amerikaner Andre Agassi, die Schlagrichtung von Beckers gefürchtetem *Serve* verlässlich vorherzusagen und den Deutschen in immerhin zehn von vierzehn Profiduellen zu besiegen. »Boris hat beim Aufschlag immer die Zunge leicht rausgestreckt, und zwar nach links oder nach oben«, erzählte Agassi im Jahr 2010, lange nach seinem und Beckers Karriereende. »So habe ich erkannt, wo er den Ball hinschlagen würde.«

Boris Beckers Zunge zeichnete gewissermaßen den Weg vor, den der Tennisball wenige Sekundenbruchteile später nehmen würde: Sie wies also nicht nur in den Raum, sondern auch in die Zeit, sie bildete einen Vektorpfeil in die Zukunft. In der Umkleidekabine, erzählte Agassi weiter, habe er sich einmal

die Übertragung einer Pressekonferenz mit Boris Becker an-
geschaut. »Er schrie zu den deutschen Journalisten: ›Es ist so,
als würde er meine Gedanken lesen.‹ Und ich hatte Lust, ihm
zu sagen: ›Nein, Boris, es ist deine Zunge.‹«

Sprechstunde Dass es eine weise Entscheidung ist, seine
Zunge für sich zu behalten, dürfte hinlänglich klar geworden
sein. Eine Ausnahme gibt es allerdings: die ärztliche Sprechstunde. Die Aufforderung *Machen Sie bitte mal Ah!*, einen Vokal also, bei dem der Mund weit offen steht, die Zunge herausgestreckt wird, platt wie eine Flunder auf dem Mundboden
liegt und dadurch den Blick in den Rachen freigibt, gehört zum
Standardrepertoire der Medizinersentenzen. Auch ohne weiteren Kontext evoziert sie sofort ein Behandlungszimmer, einen
hölzernen Zungenspatel, eine Untersuchungssituation, bei der
man einen Würgereiz unterdrücken muss.

Vermutlich werden die meisten diese Form der Anamnese
mit Halsschmerzen und einem Besuch beim HNO-Arzt ver-
binden – allerdings kann der Blick in den Mund weitaus mehr
verraten als die Befindlichkeit des Mund- und Rachenraums.
»Die Zunge«, schreiben Andreas Filippi und Irène Hitz Lindenmüller in ihrem gleichnamigen Atlas und Nachschlagewerk
für Ärztinnen und Ärzte, Praxismitarbeiter und Studierende
der Medizin und Zahnmedizin, sei »immer auch ein wenig ein
Spiegel des allgemeinmedizinischen, internistischen, ernäh-
rungsabhängigen und seelischen Zustands unserer Patienten«.
Zeige mir deine Zunge, und ich sage dir, wer du bist – oder zumindest, woran du leidest. Trotzdem spiele die Zungendiagnostik, so Filippi und Hitz Lindenmüller, in der westlichen Schul-
und Schulzahnmedizin, anders als etwa in der Traditionellen

Chinesischen Medizin, wo den einzelnen Zungenregionen bestimmte Organe zugeordnet sind, immer noch eine untergeordnete Rolle. Ihr Zungenatlas (er stammt aus dem Jahr 2016) ist ein erster Versuch, das zu ändern.

Am bekanntesten dürfte noch die sogenannte Erdbeer- oder Himbeerzunge sein, die auf eine Scharlacherkrankung hinweist: Da die Pilzpapillen bei dieser Kinderkrankheit entzündlich vergrößert sind, ähnelt die Zungenoberfläche dem genannten Beerenobst. Darüber hinaus können Veränderungen der Zunge aber auch als Anzeichen für etliche weitere Erkrankungen und Mangelernährungszustände dienen. Bei Anämie oder ›Blutarmut‹ beispielsweise verlieren die Betroffenen ihre Fadenpapillen, sodass der Zungenrücken unnatürlich glatt erscheint. Bei Vitamin-B-Mangel können sich die Pilzpapillen ödematisch so stark vergrößern, dass die Zunge aussieht, als wäre sie, in den Worten von Filippi und Hitz Lindenmüller, »mit feinen Kieselsteinen belegt«. Nicht zuletzt gibt die Färbung des Belags auf der Zungenoberfläche, der auch bei gesunden Menschen vorkommt, Aufschluss über den Lebenswandel des Patienten: etwa, ob er raucht, oder was er zuletzt getrunken und gegessen hat.

Ein frühes, freilich fiktives Beispiel von Zungendiagnostik findet sich in dem Comicband *Asterix bei den Olympischen Spielen* von René Goscinny und Albert Uderzo aus dem Jahr 1968. Die Gallier nehmen in dieser Geschichte an den titelgebenden Wettkämpfen in Griechenland teil – sie werden aber, entgegen ihrem Ruf, unbesiegbar zu sein, beim 24-Stadien-Wettlauf vernichtend geschlagen. Erstens weil ihr Repräsentant und Vorzeige-Athlet Asterix im Vergleich zu seinen römischen Konkurrenten nicht besonders durchtrainiert ist. Zweitens und vor allem aber, weil er als einziger Teilnehmer des Rennens nicht gedopt ist: Alle anderen Wettläufer haben nachts heimlich von dem Kessel mit Zaubertrank genascht, den der Druide Miraculix am Vortag gebraut hat.

Was die Dopingsünder nicht wissen: Miraculix hat den Zaubertrank, um genau solchem Missbrauch vorzubeugen, mit einem Farbstoff versetzt, der die Zunge blau einfärbt. Nach dem verlorenen Wettlauf provoziert Asterix daher seine Gegner, indem er ihnen die Zunge herausstreckt – diese erwidern prompt die Geste und disqualifizieren sich dadurch selbst. Ihre leuchtend kolorierten Zungen verraten dem Olympischen Komitee die unerlaubte Einnahme des leistungssteigernden Mittels.

Tausend Skorpione In einem anderen Werk erweist sich ein Franziskanerpater als kaum minder begabter Interpret verfärbter Zungenbeläge. In Umberto Ecos historischem Kriminalroman *Der Name der Rose,* seine Handlung spielt im Jahr 1327, soll der gelehrte William von Baskerville den Todesfall eines Mönchs aufklären, der sich in einer norditalienischen Benediktinerabtei ereignet hat. Bevor dies gelingt, müssen allerdings noch vier weitere Ordensbrüder sterben – und allmählich zeigt sich für die Augen des scharfsinnigen Franziskaners ein Muster.

»William verharrte eine Weile in nachdenklichem Schweigen«, heißt es am dritten Tag seines Aufenthalts in der Abtei, der Detektiv steht vor dem nächsten Opfer. »Dann bat er Severin, den Mund des Toten zu öffnen und die Zunge zu untersuchen. Neugierig nahm der Botanikus einen feinen Spatel (…) und tat, wie ihm geheißen. Kurz darauf rief er verblüfft: ›Die Zunge ist schwarz!‹« Wenige Tage später dasselbe Phänomen, dieselben Symptome: Ein Mönch stürzt während der Mette zu Boden, schnappt nach Luft, sein Mund öffnet sich – »und ich sah«, berichtet der Erzähler, William von Baskervilles getreuer

Schüler und Gehilfe Adson von Melk, »gebeugt über Williams Schulter, der vor ihm kniete, wie im Gehege der Zähne eine schwarze Zunge sich wand.«

Erst am siebten Tag kann William den wiederkehrenden Befund zu einer Diagnose verdichten: Der Bibliothekar des Klosters hat die Seiten eines ihm verhassten Buchs mit einem tödlichen Elixier getränkt, sodass jeder, der darin liest und umblättert, sich peu à peu vergiftet. »Ich müßte mit bloßen Händen weitermachen«, erklärt William, »ich würde mir dabei die Finger an der Zunge benetzen, (…) und ich würde so lange weiterblättern, bis mir genügend Gift in den Mund gelangt wäre.« *Exactly.* Nur leider kommt diese Diagnose zu spät, sowohl für die verstorbenen Mönche als auch für den Rest der Abtei: Der entlarvte Bibliothekar entreißt William die Öllampe, wirft sie auf einen Bücherberg, im Handumdrehen züngeln die Flammen, und das Kloster brennt mitsamt seinen literarischen Schätzen bis auf die Grundmauern nieder.

Bei dem Buch, das der Bibliothekar so inbrünstig hasst, dass er lieber seine Glaubensbrüder ermordet und sein Lebenswerk vernichtet, als jemanden darin lesen zu lassen, handelt es sich übrigens um den zweiten Teil der *Poetik* des Aristoteles, um seine verschollene Abhandlung über die Komödie: ein Buch über das Lachen. Und was ist es, das den greisen Bibliothekar daran so erzürnt? Dass das Lachen »etwas Niedriges und Gemeines« sei, wie er schimpft, »die Kurzweil des Bauern«, eine »Ausschweifung des Betrunkenen« – vor allem aber, dass sich darin die animalische Seite des Menschen offenbart. Seine gottesebenbildlichen Züge verzerren sich zur äffischen Fratze. Er verliert die letzten Dinge aus den Augen und die Kontrolle über seine Mimik. Er öffnet seine Lippen, weitet den Kiefer, lacht.

Und zeigt seine Zunge.

küssen

Let your tongue fool around
Right Said Fred, *Don't Talk Just Kiss*

Nun ist es passiert. Die etwas zu innig geratene Abschiedsumarmung, die eigentlich das Ende des gemeinsamen Abends markieren sollte, hat sich zur dauerhaften Umschlingung verstetigt. Die Hände, die eben noch freundschaftlich auf den Schultern des Gegenübers lagen, erkunden nun zaghaft dessen Rückseite, ertasten freie Hals- und Hautstellen, streicheln Wirbel und Rippen, die weichen Passagen dazwischen. Die Nase hat sich zunächst in einen Schopf ungewohnt riechender Haare verirrt, dann Zuflucht in der Ohrmuschel gesucht, sich schließlich aber doch auf den Weg über die Wange gemacht, bis sie mit einer anderen Nase kollidiert ist. Um weitere Zusammenstöße zu vermeiden, hat sich der Kopf sacht zur Seite geneigt, die Lippen haben ihresgleichen erkannt, erkundet und für gut befunden, und nun werden sie allmählich kühner: Sie öffnen sich behutsam, behauchen das gegenüberliegende Paar, zupfen am Lippenbändchen, an der dahinter beginnenden Schleimhaut – und machen schließlich Platz für die Protagonistin: die Zunge, die sich wie ein hungriges Amphibium in den schlüpfrigen Abgrund schiebt.

Nun ist *es* passiert: Das Organ im Oralraum hat die Grenzen des eigenen Körpers überwunden und ist in den Leib eines anderen eingedrungen. Die Zunge hat sich auf die so lust- wie gefahrvolle Passage in die Tiefen eines fremden Subjekts begeben. Sie ist von einem Instrument des Leckens, Schmeckens und Herausstreckens zu einem Werkzeug des Küssens geworden.

Kultiviertes Betragen Von allen Funktionen der Zunge ist der nach ihr benannte Kuss die wohl mysteriöseste und am wenigsten erforschte Tätigkeit – was nicht zuletzt daran liegen dürfte, dass er sich in der Regel abseits, im privaten, allenfalls halböffentlichen Raum vollzieht. Im Dunkel eines nächtlichen Hauseingangs. In der schummrigen Ecke eines Clubs oder einer Bar. In einer Nische des Schulhofs, auf einer Parkbank, im heimischen Schlafzimmer oder Hotel. Zudem findet der Zungenkuss meist innerhalb der Mundhöhlen der daran Beteiligten statt, der eigentliche Vorgang ist also vor den Blicken Außenstehender versteckt. Was genau dabei vor sich geht, lässt sich allenfalls anhand der aufeinandergepressten Lippen und der Begleitgeräusche erahnen. Kurz: Der Kuss ist verschachtelt und kaschiert, verborgen wie das Püppchen im Innersten einer russischen Matrjoschka. Wer ihn ergründen will, muss zunächst mehrere Schichten kultureller Schweigegebote entfernen.

Das vielleicht Merkwürdigste am Zungenkuss ist, dass er überhaupt existiert – schließlich verfügt er über keinen erkennbaren evolutionären Mehrwert. Sicher, er kann zur Anbahnung eines Geschlechtsakts dienen, als vertrauensbildende Maßnahme, zur Verstärkung der Paarbindung oder zur Steigerung der sexuellen Erregung. Aber für den Vollzug der Sache an sich ist er nicht vonnöten, wie etwa das Beispiel der gewerbsmäßigen Prostitution zeigt: Bei Sexarbeiterinnen sind Küsse auf den Mund oder gar mit Zunge üblicherweise verpönt. Werden sie doch angeboten, kosten sie, unter dem Kürzel *ZK*, als zusätzliche Dienstleistung extra.

Auch die Tatsache, dass es sich beim Zungenkuss keineswegs um eine anthropologische Konstante handelt, er also nicht in allen Weltgegenden gleichermaßen vorkommt, beweist, dass er alles andere als überlebensnotwendig ist; würde er morgen wieder aus dem Verhaltensrepertoire der Menschheit verschwinden, der Fortbestand der Gattung wäre nicht gefährdet. In weiten Teilen Afrikas, den beiden Amerikas, Ozeanien und Australien scheint das Küssen insgesamt vor Ankunft der Europäer unbekannt gewesen zu sein und in China und Japan zumindest unüblich. Der Zungenkuss ist ein reines *surplus,* ein genießerischer Luxus unter Liebenden – und in dieser Hinsicht ganz und gar zeitgemäß: Er löst den Sex von der Prokreation, die Lust von der Fortpflanzung, so wie dies in den vergangenen Jahrzehnten auch die Antibabypille, die Vasektomie und die Liberalisierung der Abtreibungsgesetze getan haben.

Sagen Sie jetzt nichts Zudem zeigt sich beim Küssen die eingangs beschriebene Doppelnatur der Zunge, ihre unauflösliche Spannung zwischen Kultur und Natur, in besonders prägnanter Form. Einerseits scheint der Zungenkuss ein Alleinstellungsmerkmal des Menschen zu sein: Die einzige andere Spezies, bei der Zungenküsse beobachtet wurden, sind die Bonobos, die auch sonst ein extrem ausdifferenziertes Sexualverhalten an den Tag legen. Auch die reichhaltige Palette an Zungenkuss-Techniken, über die weiter unten noch ausführlicher zu sprechen sein wird, weist darauf hin, dass es sich bei dieser Form der Intimität um eine komplexe Kulturtechnik handelt. Andererseits haftet dem Kuss, zumal jenem mit Zunge, aber auch etwas im umgangssprachlichen Sinne *Animalisches* an: Wer speichelnd, schmatzend, schleckend über einen anderen Menschen herfällt, der scheint zumindest vorübergehend alle zivilisatorischen Regeln des Anstands hinter sich gelassen zu haben.

Tatsächlich beeinflusst ein leidenschaftlicher Kuss die beiden Kernkompetenzen der Zunge – die Fähigkeit zur Spracherzeugung sowie zur Geschmackswahrnehmung – in radikal unterschiedlicher Weise. Wer küsst, hört deswegen noch lange nicht auf zu schmecken, im Gegenteil: Er nimmt die Aromen des Gegenübers sogar besonders intensiv wahr, da sich seine Nase ja unmittelbar über der Hautoberfläche und seine Zunge in dessen Mund befindet. Ob man den anderen *gut riechen* kann, ob man womöglich *Geschmack an ihm findet*, schält sich während eines Zungenkusses in der Regel recht schnell heraus.

Mit der Fähigkeit zur Spracherzeugung verhält es sich hingegen genau umgekehrt: Wer küsst, kann dabei unmöglich verständliche Wörter artikulieren, da seine Mundöffnung blockiert und die Zunge anderweitig beschäftigt ist. Mehr noch: Wer ernsthaft an einer Fortsetzung des Kussgeschehens interessiert ist, tut womöglich gut daran, diesen fragilen, zwischen gespannter Erwartung, Unsicherheit, Konzentration und Besinnungslosigkeit kippelnden Akt nicht durch unbedachte Wortmeldungen zu zerstören.

> Don't talk, just kiss,
> We're beyond words and sound,
> Don't talk, just kiss,
> Let your tongue fool around,

wie es in dem Neunzigerjahre-Hit »Don't Talk Just Kiss« des queeren britischen Glatzenduos Right Said Fred heißt: Sei endlich still und lass die Zunge ihr Ding machen.

Folgt man dieser Verführungslogik, steht der Zungenkuss in diametralem Gegensatz zur verbalen Kommunikation: Erotik und Linguistik, so die Botschaft des Songs, sind miteinander unvereinbar. Aus psychoanalytischer Sicht wäre dies nur konsequent. Ihr zufolge stellt nämlich jeder Sprechakt ein Supplement dar, ein Zeichen des Mangels, den Ersatz für eine nicht vollzogene Handlung: Der Säugling formt das Protowort *Mama!*, weil seine Mutter unerreichbar ist, wir verlangen nach *Wasser!*, weil wir durstig sind, wir sagen *komm!*, wenn der andere fern ist. Der intime Kuss stellt demgegenüber eine Art Atavismus dar, eine Rückkehr zum Realen: Er vollzieht konkret, wovon andere nur supplementär schwafeln. Die Zunge formuliert nicht die Lautfolge [kʏs mɪç] – sie küsst.

Mit dem Abstand von drei Jahrzehnten, angesichts der juristischen und moralischen Debatten über Einvernehmlichkeit in intimen Beziehungen, erscheint die nassforsche Forderung von Right Said Fred freilich hochproblematisch. Gerade im Zuge der #MeToo-Bewegung dürfte deutlich geworden sein, dass körpersprachliche Signale beileibe nicht immer zur Verständigung ausreichen, wenn es um zwischenmenschliche Beziehungen geht. Gebärden und Gesichtsausdrücke sind vieldeutig und daher für (mutwillige, fahrlässige, unfreiwillige oder unbewusste) Fehlinterpretationen offen. Wer sicher sein will, dass eine erotische Handlung einvernehmlich ist, hält sich daher besser an sprachliche, womöglich sogar schriftliche Vereinbarungen.

Leitfäden an US-amerikanischen Hochschulen, die das erotische Miteinander der Studierenden regeln sollen, geben häufig dem *verbal consent* den Vorzug vor nonverbalen Zeichen.

Und auch Slogans wie *No means No* oder *Nur Ja heißt Ja* legen eine unzweideutige Übereinkunft im Medium der symbolischen Sprache nahe. *Let your tongue fool around*? Von wegen: Bevor sie Faxen macht, muss die Zunge erst einmal unmissverständlich darlegen, was sie im Mund oder in anderen Körperöffnungen des Gegenübers genau zu tun gedenkt.

Wie du in mir, so ich in dir Allerdings muss man zur Ehrenrettung des Zungenkusses sagen: Womöglich stellt die Tatsache, dass man als daran Beteiligter seine Lippen öffnet – dass man die Zunge des Gegenübers in sich eindringen lässt, dass man sie mit der eigenen Zunge umschmeichelt, ja, dass man Letztere womöglich selbst in die Oralhöhle des anderen gleiten lässt –, doch eine recht unmissverständliche Aussage dar. Der Zungenkuss ist eine Art rudimentärer Sprechakt, eine nonverbale Äußerung, die das, was gerade vollzogen wird, mündlich bejaht und bekräftigt.

In der Tat nimmt der Kuss mit Zunge unter den zahlreichen Formen zwischenmenschlicher Intimität in vielerlei Hinsicht eine Sonderstellung ein. Zum einen ist er seinem Wesen nach binär, das heißt, er ist im Gegensatz zu anderen Sexualpraktiken nur zwischen *zwei* Menschen möglich. Man kann gleichzeitig penetrieren und penetriert werden, man kann mit der linken Hand einen Mann und mit der rechten eine Frau streicheln, man kann sich simultan von zwei Personen an den Brustwarzen knabbern und von zehn weiteren an den Zehen lutschen lassen – aber man kann nur mit einem Menschen auf einmal knutschen, weil man eben nur eine Zunge und einen Mund hat. Der Zungenkuss ist eine Tätigkeit, die Exklusivität einfordert.

Zugleich handelt es sich beim Zungenkuss um eine Geste des absoluten Vertrauens. Wer dergestalt in einen anderen eindringt, legt diesem nicht bloß sein Herz zu Füßen, sondern sein kostbarstes kommunikatives Gut zwischen die Zähne, offenbar im guten Glauben, dass der Partner oder die Partnerin dieses Vertrauen nicht missbrauchen und die Zunge abbeißen oder darauf herumkauen wird. Wenn jedes Lächeln, wie Sigmund Freud postulierte, ein sublimiertes Zähnefletschen und jeder Kuss ein gehemmtes Fressen ist, wenn man zudem bedenkt, dass es tatsächlich immer wieder vorkommt, dass ein konsensualer Zungenkuss in Kannibalismus umschlägt – dann mutet ein solch zutrauliches Verhalten beinahe rührend naiv an. Im Zungenkuss zeigt sich der Mensch von seiner gutgläubigsten Seite: Wer dergestalt küsst, geküsst wird, sich küssen lässt, der vertraut auf das Beste im Gegenüber.

Hinzu kommt, drittens, dass der Zungenkuss extrem geschlechterparitätisch und von der übrigen sexuellen Identität losgelöst ist. »Im Zungenkuss treffen die Münder auf das Andere ihrer selbst, unabhängig vom Geschlecht; während die Genitalität die Andersartigkeit des Anderen hervortreibt, die bestenfalls komplementär, aber niemals symmetrisch ist«, schreibt Hartmut Böhme, offensichtlich vor dem Hintergrund einer heterosexuellen und binären Matrix. Die Zungen werden zu Penissen, die Mundöffnungen zu Vulven – und zwar bei beiden Parteien gleichzeitig und ungeachtet der Frage, welche primären Geschlechtsmerkmale sich einen knappen Meter körperabwärts befinden mögen. Beim Kuss mit Zunge sind alle gleich, egal ob es sich um Frauen, Männer, Non-Binäre, Intergeschlechtliche oder trans* Personen handelt. Womöglich ist sie das einzige Organ für eine zeitgemäße, gleichberechtigte, geschlechts- und genderunabhängige Sexualität.

Die Inkommensurablen Die Gleichartigkeit der Zungen sowie ihre paritätische Rolle im Kuss kann, so Böhme weiter, zu guter Letzt zu einer Auflösung der Körpergrenzen, ja, sogar zu einer Aufhebung der Individualität führen.

> Im besten Fall besteht zwischen den Liebenden Gegenseitigkeit, eine bewegliche Balance zwischen Propriozeption und Heterozeption, Selbst- und Fremdwahrnehmung. (…) Wie sollte man hier Subjekt und Objekt unterscheiden, wenn beide beides sind *und* beide keines von beiden?

Die Küssenden verschmelzen miteinander wie Zunge und Speiseeis. Ausgerechnet jenes Organ, wo der individuelle Geschmack sitzt, das Liebesschwüre formuliert, auf dem man idealerweise sein Herz trägt, verlässt den ihm zugehörigen Leib und macht sich in einem anderen breit.

Man leckt und wird geleckt, man schmeckt und wird geschmeckt, man riecht und wird gerochen, verliert und vermengt sich – und trotzdem tritt just im Moment der Verschmelzung die radikale Andersheit des anderen, die letztliche Inkommensurabilität der Gedanken und Wahrnehmungen, welche den Beteiligten am Zungenkuss durch den Kopf gehen, besonders schmerzhaft zutage. Ja, unsere Zunge mag sich im Mund des Gegenübers befinden. Ja, wir können jeden einzelnen Zahn, jede wunde Stelle des Gaumens, jeden Quadratzentimeter Backentasche und jede Wallpapille auf dem Zungenrücken einzeln ertasten – aber dennoch bleibt uns der andere irreduzibel fremd. Wir schmecken, wie seine Zunge schmeckt – und gerade dadurch wird uns gewahr, dass wir niemals wissen werden, wie er *mit seiner Zunge* schmeckt. Oder wie unsere Zunge ihm mundet. Oder was er tatsächlich für uns empfindet, oder über uns denkt, oder ob er in Gedanken gerade womöglich ganz woanders ist, bei einem oder einer anderen, oder beim Golfspielen oder seinen Goldfischen.

Wie tief wir unsere Zunge auch im Schädel des anderen versenken mögen – wir werden ihn nie ergründen. In diesem Sinn ist der Zungenkuss eine tragische, einsame Handlung. In seiner unendlichen Bitterkeit und Süße offenbart er das ganze Drama der zwischenmenschlichen Kommunikation.

Tausend Jahre Einsamkeit Evolutionsbiologisch gesehen handelt es sich beim Zungenkuss um eine Reliktgeste, eine Handlung also, die aus einer anderen, entwicklungsgeschichtlich überwundenen Gebärde hervorgegangen ist und nur noch rudimentär an diese erinnert. Vermutlich entstand sie daraus, dass früher auch menschliche Muttertiere – wie dies beispielsweise Vögel tun – die Nahrung für ihren Nachwuchs vorkauten und ihm diese dann von Mund zu Mund weiterreichten.

Das Wissen um diesen gattungsgeschichtlichen Ursprung hallt noch in Marcel Prousts *Auf der Suche nach der verlorenen Zeit* nach, in dem der Erzähler den Zungenkuss seiner Geliebten mit dem christlichen Abendmahl assoziiert – und dann, einen Atemzug später, mit der nährenden, schützenden Mutter. »Wenn ich mir jetzt vorstelle, daß meine Freundin (…) jeden Abend sehr spät, bevor sie mich verließ, noch ihre Zunge in meinen Mund schob wie das tägliche Brot, eine stärkende Nahrung mit dem fast geweihten Charakter alles Leiblichen«, so der Erzähler, dann falle ihm zum Vergleich sofort jene Nacht ein, »in der mein Vater Mama geheißen hatte, in dem schmalen Bett neben meinem zu schlafen«. Der Zungenkuss, so wie Proust ihn beschreibt, dient also gleichermaßen der Erotik und der (symbolischen) Ernährung. In ihm ist, wie man mit Sigmund Freud sagen könnte, »die Befriedigung der erogenen Zone mit der Befriedigung des Nahrungsbedürfnisses vergesellschaftet«.

Eine der frühesten schriftlich überlieferten Erwähnungen eines Zungenkusses stammt bereits aus dem 3. Jahrhundert unserer Zeitrechnung, aus dem berühmten indischen Erotiklehrwerk *Kamasutra*: »Wenn sie, die Augen geschlossen und mit der Hand dessen Augen bedeckend, ein wenig zufaßt und mit der Zungenspitze stößt, so ist das der stoßende Kuß«, heißt es dort im Abschnitt über »Die Mannigfaltigkeit der Küsse«: »Wenn hierbei der eine mit seiner Zunge ihre Zähne, Gaumen und Zunge berührt, so ist das der Zungenkampf.«

Ähnlich konkrete und anatomisch präzise Beschreibungen sucht man im christlichen Abendland vergebens – auch wenn die Technik als solche schon lange bekannt gewesen zu sein scheint. So berichtet der Mystiker und Benediktinermönch Rupert von Deutz im 12. Jahrhundert von einem Zungenkuss, den er keinem Geringeren als dem Heiland persönlich gegeben haben will – allerdings nur in einer Vision, in einer asexuell-allegorischen Verschmelzung:

> Als ich so eilends eingetreten war, ergriff ich den, den meine Seele liebt, hielt ihn, umarmte ihn und küßte ihn ganz lange. Ich fühlte, wie gern er dieses Zeichen der Liebe zuließ, da er selbst unter Küssen seinen Mund öffnete, damit ich tiefer küssen konnte.

Dass selbst einem dem Keuschheitsgelübde unterstehenden Mönch die Möglichkeit eines *baiser profond* bekannt war, ist erstaunlich. Wo der brave Kirchenmann dieses Kusswissen erworben haben mag?

Tod und Schlange In der Frühen Neuzeit, mit ihrer allmählichen Hinwendung zur sichtbaren Welt in all ihren Facetten und Formen, begannen sich auch europäische Gelehrte mit dem Kuss zu befassen – ja, es entwickelte sich sogar eine regelrechte Kusswissenschaft, die Osculologie (zu lateinisch *osculum*, ›das Mündchen, der Kuss‹). Das wohl einflussreichste Werk dieser Fachrichtung stammt aus der Feder des Theologen und Philologen Johann Friedrich Heckel. Seine *Historisch-Philologische Untersuchung Von den mancherley Arten und Absichten der Küsse* erschien 1668 auf Latein, nach dem Tod des Verfassers schließlich auch für der Kirchensprache nicht mächtige Leser in deutscher Übersetzung.

Johann Friedrich Heckel unterscheidet sage und schreibe sechs unterschiedliche Arten von Küssen, von denen die meisten, so muss man sagen, allerdings ausgesprochen harmlos und fleischarm sind. Der Reigen beginnt mit dem metaphysischen »Göttlichen Kuß«, der die Vereinigung zwischen dem himmlischen Herrscher und seiner Kirche besiegelt. Es folgt der »Kuß des Grusses«, mit dem irdische Gäste willkommen geheißen und verabschiedet werden; dann der »Kuß der Würde«, der eine Demutsgeste ist und typischerweise auf den Hand- oder Fußrücken eines Ranghöheren erfolgt; der »Kuß der Liebe«, der zwar zwischen Mann und Frau getauscht wird, aber eher als Symbol der ehelichen Verbundenheit dient denn Ausdruck erotischer Begierde ist; sowie fünftens der »Kuß der Falschheit«, wie ihn Judas dem christlichen Erlöser gab.

Der »Kuß der Wollust« oder »Buhler-Kuß« – jene Art von Intimität, die wir heute am ehesten mit dem Konzept *Kuss* assoziieren würden – ist diskret am Ende des Traktats versteckt. Wie genau er verabreicht oder empfangen wird, darüber schweigt des Osculogen Höflichkeit. Die Beschreibung der Begleitumstände und Nebenwirkungen lässt aber vermuten, dass an dieser Methode nicht nur die Lippen, Wangen, Hände, Füße oder Stirnen beteiligt sind, sondern dass auch die Zunge mit im Spiel ist. »(Die) Huren«, schreibt Heckel, würden »die Jünglinge, so sich zu ihnen nahen, mit solchem Kusse auf geile Arth zu empfangen pflegen« – und wenn dieser fatale Schritt einmal getan ist, dann ist es um die armen Jünglinge geschehen: »Wie eine gifftige Spinne, ob sie gleich klein ist, den Menschen, wenn sie auch nur den Mund an ihn setzet, unsinnig machet; so haben auch die Küsse der unzüchtigen Venus-Schwestern, die sie ihren Liebhabern geben, gleiche Würckung.«

Dreierlei ist hier interessant. Erstens: Der Kuss der Wollust findet offenbar nicht innerhalb der Ehe statt, sondern im Kontext der Prostitution. Zweitens: Die Sünde geht grundsätzlich von den Frauen aus, die damit die armen Männer um den Verstand bringen (ein sexistisches Erklärungsmuster, das bis heute nachwirkt und etwa unter dem Begriff des *slut-shaming* verhandelt wird). Sowie drittens: Der Zungenkuss gleicht dem Einfluss des Teufels, der in der christlichen Tradition sowohl mit der Spinne als auch mit der Schlange assoziiert wurde. Bezeichnenderweise spielt Heckel in einem abschließenden Epigramm auf diese doppelzüngige Inkarnation des Alten Versuchers an, so wie sie den beiden Urmenschen im Garten Eden begegnete:

Was ist der Buhler Kuß? nichts als ein süsses Gifft,
Das beydes Leib und Geist zu größten Schaden trifft.
Nur wunder, daß man ihn so gerne an sich ziehet,
Wohl dem, der ihn wie Pest, wie Tod und Schlange fliehet.

Stüpff mich, Schatz Nicht alle Autoren des 17. Jahrhunderts waren, was Küsse anbelangt, so zungenfeindlich und keusch wie der Theo-Osculologe Johann Friedrich Heckel. Das gilt besonders für die Lyriker des Barock, die auch sonst dem Sinnlich-Fleischlichen nicht abhold waren. So forderte beispielsweise der schwäbische Dichter Georg Rodolf Weckherlin, ungefähr eine Generation vor Heckel, in einem Gedicht seine Geliebte auf:

> Darnach küß mich wiederumb,
> Daß noch größer werd die Summ,
> Stüpff mich auch mit deiner Zungen,
> Ungezwungen;
> Die süsser dann Honig ist.

Gewisse Parallelen zur Geschmacksmetaphorik des Bubblegum-Pop sind nicht zu übersehen. *Stüpffen*, das muss man wohl dazusagen, bedeutete nicht etwa ›stopfen‹, sondern dass die Angesprochene den Dichter mit der Zunge stupsen, stipsen, stimulieren solle.

Eine solche Aufforderung ist bei der Dame, der Schelmuffsky aus Christian Reuters gleichnamigem Lügenroman begegnet, nicht nötig – im Gegenteil, der Erzähler kann sich angeblich vor Zungenküssen kaum retten. »Sie stackte mir der Tebel hohl mer Ihre Zunge eine gantze halbe Elle lang in mein Maul / so lieb hatte Sie mich«, schildert er sein erstes Zusammentreffen mit der Dame; eine halbe Elle, dreißig Zentimeter, darunter macht es der Prahlhans nicht. Und am nächsten Tag, Schelmuffsky hat sich gerade siegreich für die Geliebte duelliert, bedankt sich diese bei ihm wiederum auf nämliche, wortlose Weise:

(W)ie sie hörete / daß ich mich so ritterlich gehalten hatte /
sprung Sie vor Freuden hoch in die Höhe / und fiel mir
um den Halß / hertzte mich / und stackte mir Ihre Zunge
lang wieder in meine Schnautze / welches mir der Tebel
hohl mer recht wohl von den Menschen gefiel.

Der Teufel hol ihn: Sobald Schelmuffsky mit Zunge geküsst
wird, verwandelt sich sein Mund wahlweise in ein *Maul* oder
eine *Schnauze*; der Mensch, so legt die Metaphernmetamor-
phose nahe, wird durch diese Intimität zum brünstigen Tier.

Der Barockdichter Paul Fleming schließlich schreibt in einem Gedicht mit dem programmatischen Titel »Wie er wolle
geküsset seyn«:

Nirgends hin / als auf den Mund /
da sinckts in des Hertzens grund.
Nicht zu frey / nicht zu gezwungen /
nicht mit gar zu fauler Zungen.

Nicht zu wenig / nicht zu viel.
Beydes wird sonst Kinderspiel.
Nicht zu laut / und nicht zu leise /
Beyder Maß' ist rechte weise

– und so weiter und so fort, man merkt: Paul Fleming war nicht
nur Lyriker, sondern auch Arzt; das zeigt sich in seinem prä-
zisen, geradezu klinisch-analytischen Blick auf den Akt des
Küssens. Sein osculologisches Lehrgedicht hat nichts von der
ironisch überdrehten Drastik, mit der Schelmuffsky sich dem
Thema nähert – es geht stattdessen durchweg um das *rechte
Maß*: um die immer wieder auszuhandelnde goldene Mitte zwischen Aktivität und Passivität, Nähe und Distanz, Trockenheit

und Feuchtigkeit, Beschleunigung und Verlangsamung, lautstarkem Knutschen und diskreter Zurückhaltung. Ein durch und durch rationaler, zerebral kontrollierter Vorgang – woran man wieder einmal ersieht, dass der Zungenkuss, bei aller vermeintlichen Animalität und Unverstelltheit, eine äußerst komplexe Tätigkeit ist.

Ceci n'est pas un baiser Wenn im Vorangegangenen von *dem* Zungenkuss die Rede ist, so stellt dies zugegebenermaßen eine grobe Vereinfachung dar: Den Zungenkuss als solchen gibt es nicht, vielmehr handelt es sich um ein ganzes Bündel von ausdifferenzierten Kulturtechniken. Die definitorischen Probleme beginnen schon damit, dass der Begriff *Zungenkuss* oft pauschalisierend für jegliche Formen von Intimität verwendet wird, bei denen sich die beteiligten Parteien mit geöffnetem Mund begegnen – und zwar unabhängig von der Frage, ob die Zunge dabei ihren Ort im *Cavum oris proprium* verlässt oder nicht. Dabei verweist die deutsche Bezeichnung doch unmissverständlich auf das Organ, das an diesem Vorgang zwingend beteiligt sein muss.

Ob es sich bei dem berühmten, durch ein Graffito an der Berliner East Side Gallery verewigten sozialistischen Bruderkuss zwischen Leonid Breschnew und Erich Honecker 1979 in Ost-Berlin tatsächlich, wie oft unterstellt, um einen veritablen Zungenkuss handelte (oder ob die beiden Politgreise nicht vielmehr die staatsmännisch erschlafften Lippen haarscharf neben den Mund ihres Gegenübers pressten), darf beispielsweise bezweifelt werden. Auch die Liebkosungen, die die Popkünstlerin Madonna während der MTV Video Music Awards 2003 auf offener Bühne mit ihren Kolleginnen Britney Spears und Christina Aguilera austauschte, dürften kaum das Kernkriterium für *French kissing* erfüllen, obwohl sie gerne als solches gelabeled wurden. Letztgültig wird die Frage wohl nie zu klären sein: Die Bildregie schnitt nach einer Sekunde pflichtbewusst auf den im Publikum sitzenden, das Spektakel fachmännisch begutachtenden Justin Timberlake.

Aber auch wenn man darin übereinstimmt, dass die Zunge zum Zungenkuss wesenhaft dazugehört, hören die begrifflichen Schwierigkeiten noch lange nicht auf. Was genau, könnte man fragen, macht das Organ da eigentlich?

Wie Waschmaschinen Der französische Philosoph Alexandre Lacroix, der als erster Denker den Versuch einer umfassenden Typologie und Beschreibung der Zungenküsse gewagt hat, unterscheidet zwischen vier verschiedenen Formen. Die erste in Mitteleuropa geläufige Zungenkusstechnik bezeichnet Lacroix als *Mischtrommel*. Die Zungen der Küssenden kreisen bei dieser Methode wie die Metallspirale in der Trommel eines Betonmischgeräts in der Mundhöhle des Gegenübers herum: insistierend, energisch, aber eben auch ein wenig mechanisch. »Die Gewissenhaften vollziehen diese Bewegung immer auf dieselbe Weise; die Einfallsreichen wechseln von Zeit zu Zeit die Richtung.« Der Philosoph meint, diese Technik vor allem bei jugendlichen Küssern beobachten zu können – vielleicht, so mutmaßt er, weil die Adoleszenz selbst eine Art Zentrifuge sei, »ein Existenzstadium, in dem die Gefühle kreisen und sich kaum festlegen; dieser Kusstyp liefert dafür gleichsam die Entsprechung«.

Vermutlich hatte die belgische Schriftstellerin Charlotte Van den Broeck diese Methode im Kopf, als sie in ihrem Buch *Wag-*

nisse einen frühen Zungenkuss im Hallenbad ihrer Heimatstadt schilderte – auch wenn sie eine etwas andere Metapher wählte. »Wir küssen uns ohne Unterlass wie Waschmaschinen, mit großen kreisenden Zungenbewegungen. Zwischendurch sagt er, dass ich ›sexy‹ bin, aber sicher sein kann ich mir nicht, weil er die Augen dabei geschlossen hat.«

Auch das Musikvideo zum Song »Krafty« der britischen Gruppe New Order nimmt auf diese Technik Bezug: Der Clip besteht im Wesentlichen aus der filmischen Darstellung eines ausgedehnten Zungenkusses zwischen einem jungen Mann und einer jungen Frau, zuzüglich Anbahnung, Kopulation und Nachspiel. Doch nicht nur die Zungen und Gefühle der beiden Protagonisten kreisen – auch die Kamera vollführt immer neue Rotationen und Pirouetten, umkreist das Liebespaar erst in der Horizontalen, später in der Vertikalen, bis auch den Zuschauenden schwummrig wird. Thematisch passend arbeiten die beiden Liebenden in einer Wäscherei: Als sie sich kennenlernen, wälzen im Hintergrund riesige Waschmaschinen beschmutzte Bettlaken; eine Heißmangel saugt derweil die Weißware ein, als handelte es sich um eine riesige, textile Zunge.

Dein Pinsel und Stab trösten mich Die zweite, im Vergleich zu dieser juvenilen Anfängermethode merklich raffiniertere Technik bezeichnet Lacroix als *Pinsel*. Hierbei wird die Zunge kurz und unverbindlich in den Oralraum des Gegenübers gestippt, als wäre sie das Werkzeug eines Kunstmalers: Der Mund entspricht in dieser Analogie also dem Farbtopf, in dem man die Borsten befeuchtet. Diese Zungenkusstechnik sei, so Lacroix, eher etwas für erfahrene, erwachsene Küsser; zudem äußere sich in ihr ein gewisses Misstrauen: Die Stippvisite, welche die Zunge im Mund des Partners beziehungsweise der Partnerin vollzieht, symbolisiert die leidvolle menschliche Erfahrung, dass Beziehungen – wie Küsse – nicht ewig dauern.

Die dritte Methode ist der *Stab*. Die Zunge wird bei dieser Kusstechnik ebenfalls wie ein Werkzeug gehandhabt, aber weniger elegant als beim *Pinsel*, sondern rigoroser, im eigentlichen Sinn des Wortes: penetrant. Die Zunge wird zum Platzhalter für den erigierten Penis, zum Organ, das oral vorwegnimmt, was in Kürze genital verhandelt werden soll. »Der Stab signalisiert, dass der Kuss kein Selbstzweck sein kann, dass er Probe oder Entwurf eines künftigen Geschlechtsverkehrs ist«, schreibt Lacroix. »Er ist auch ein Test. Je nachdem, wie der Andere ihn aufnimmt, lässt sich der Fortgang der Ereignisse ahnen.«

Eine treffende Darstellung dieser Zungenkusstechnik liefert das Gemälde *Tongue Fuck* des britischen Künstlerpaars Gilbert & George (Abb. 12). Es zeigt in comichafter Abstraktion und in monochrom leuchtendem Rot eine stocksteife Zunge, die sich von oben in einen erwartungsvoll geöffneten Mund senkt. Der explizite Titel des Werks verdeutlicht noch einmal, was ohnehin klar zu sehen ist: Dieser Kuss ist nicht bloß das Signal eines künftigen Geschlechtsverkehrs – er ist mit diesem quasi identisch.

Harmlose Stimulantien Womit wir zur vierten und letzten von Alexandre Lacroix identifizierten Zungenkussmethode kommen: dem *Endoskop*. Diese Technik ist genau so wissenschaftlich, wie der Name nahelegt, besteht sie doch im Wesentlichen darin, dass der Küssende gründlich wie ein Gastroenterologe mit der Zunge den Oralraum des anderen inspiziert. »Das erlaubt nebenbei, die vom klassischen Kuss vernachlässig-

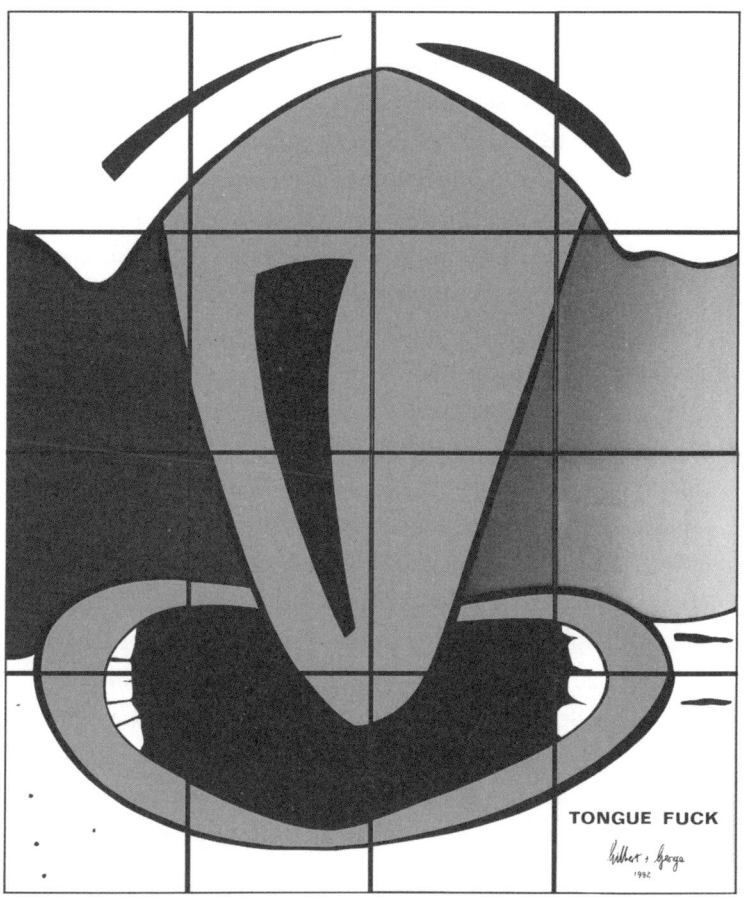

12 Gilbert & George, *Tongue Fuck* (1982)

ten Mundpartien zu entdecken: die Fältchen des Gaumens, die zarte Schwellung der Mandeln, die eindrucksvolle Steilwand der Backenzähne, das Zungenbändchen und das Fleisch der Wangenknochen. (…) Die Neugier kommt auf ihre Kosten, ganz zu schweigen vom seltsamen Vergnügen, selbst Objekt der Inspektion zu sein.« Das Endoskop stellt also gewissermaßen die Fortführung frühkindlicher Doktorspiele mit erwachsenen Mitteln dar: Zeigst du mir deins, zeig ich dir meins. Und zwar, um noch einmal die Terminologie von Hartmut Böhme hervorzuholen, bei simultaner Selbst- und Fremdwahrnehmung sowie in Anbahnung kompletter genitaler Verschmelzung.

Die verstörendste literarische Ausgestaltung eines solchen endoskopischen Zungenkusses findet sich in Samuel Becketts *Malone stirbt*. In diesem Roman tritt eine tiefgläubige Krankenpflegerin auf, die – ganz gute Katholikin – ihren gesamten Schädel zu einem Kalvarienberg umgestaltet hat. In den Ohrläppchen trägt sie zwei knöcherne Kruzifixe, die die gekreuzigten Schächer zur Linken und Rechten des Herrn symbolisieren. Das Kreuz des Erlösers selbst befindet sich folgerichtig in der Mitte, das heißt in ihrem kariösen Mund: Es besteht aus dem letzten verbliebenen Eckzahn der Krankenschwester, den sie mithilfe eines Bohrers zum christlichen Martyriumssymbol zurechtgefräst hat.

Eine Körpermodifikation *avant la lettre*, die ihre erotisierende Wirkung auf den Patienten nicht verfehlt: Er gibt seiner Pflegerin einen ausgedehnten endoskopischen Kuss. »Und an dem Vergnügen, das er später hatte, wenn er seine Zunge in ihren Mund steckte und über ihr Zahnfleisch schweifen ließ, war dieses Zahnstumpfkruzifix gewiß nicht unbeteiligt. Aber welche Liebe ist frei von diesen harmlosen Stimulantien?« Tja, welche nur? Die Zunge des Küssenden wird hier zum Pilger, der die Schädelstätte, den Berg Golgatha erklimmt – er lässt sich dann aber nicht trauernd zu Füßen des Gekreuzigten nieder, sondern umschlingt ihn gierig-feucht, beleckt ihn, will sich mit ihm vereinigen: Der Leib Christi wird zum erotischen Fetisch.

Die Sehnsucht nach Verschmelzung mit dem christlichen Erlöser im Zungenkuss lässt sowohl an die erotische Vision des Benediktinermönchs Rupert von Deutz denken als auch an die Abendmahlsszene von Marcel Proust, in der die Zunge als mütterlich-nährendes Wesen erscheint. Das Kruzifix im Mund der Krankenpflegerin, so könnte man subsumieren, dient gleichzeitig als Fetischobjekt, als christliches Leidenszeichen, als Leib des Heilands, als Symbol der mütterlichen Liebe sowie als kraftspendende Hostie – ist dabei aber letzten Endes nichts weiter als ein vergilbter, von Karies zerfressener, vom Ausfallen bedrohter Zahnstumpf. Polymorph-perverser wird's nimmer.

Natternkampf Eine Technik fehlt in der von Alexandre Lacroix entfalteten Zungenkusstypologie, und sie ist von den vier anderen Methoden grundsätzlich verschieden, da sie nicht nach Intimität, sondern nach Außendarstellung strebt. In den Achtzigerjahren bezeichnete man diese Technik, wohl wegen ihres provozierenden Charakters, bisweilen als *Punkerkuss*; man könnte sie, etwas bildhafter, aber auch als *Natternkampf* bezeichnen.

Die Zungen der Beteiligten verlassen bei dieser Kusstechnik ebenfalls die weit geöffneten Lippen – dringen dann aber nicht in die Mundhöhle des Gegenübers ein, sondern treffen dessen Organ in der Mitte, im neutralen Luftraum zwischen den beiden Gesichtern, wo sich die Zungen dann wie zwei kämpfende Kriechtiere umwinden. Die Lust resultiert bei dieser Form des Zungenkusses nicht (oder zumindest nicht nur) aus der Berührung der Schleimhäute, sondern aus dem Willen zur Transgression, aus dem Bewusstsein, dass man beim Küssen beobachtet wird und dadurch möglicherweise Ekel erregt. Damit stellt der Natternkampf die womöglich zeitgemäßeste Form des Zungenkusses dar: Er ist die ideale Intimität für unsere gegenwärtige Expositionsgesellschaft, die perfekte Kusstechnik für die Generation TikTok. In unserer medial geprägten Öffentlichkeit, in der es wichtiger scheint, bei einer Tätigkeit gesehen zu werden, als sich in ihr zu versenken, ist der Natternkampf ein starkes aufmerksamkeitsökonomisches Pfund.

Eine besonders prägnante Darstellung dieses Zungenkusstyps ist im Video zur Single »Hole to Feed« des britischen Elektronikensembles Depeche Mode zu sehen. Der Titel des Songs verweist bereits auf die körperliche Öffnung, auf das Loch, das gefüttert werden will – vorzugsweise, so legt der zugehörige Clip nahe, mit der Zunge. Das Video beginnt mit dem Auftritt einer Depeche-Mode-Avatarband in einem kleinen Club, absurd winzig im Vergleich zu den Hallen und Arenen, die die Gruppe eigentlich füllt. Die performenden Musiker*innen sind auch erheblich jünger als die tatsächlichen Mitglieder der Band, stehen offenbar am Anfang ihrer Karriere, sie sind weiblicher und diverser, tragen farbig-flamboyante Kostüme, die nicht recht zu der melancholischen Moll-Harmonik sowie der düster-industriellen Soundscape des Songs passen wollen.

Auch Gestik und Mimik passen nicht zur Musik. Die Darsteller*innen stehen stocksteif auf der Bühne, das Publikum verfolgt entsprechend unbeweglich ihre Performance, Party-Appell in Nordkorea. Doch mit dem Refrain kommt Bewegung in die Szene: Ein Pärchen beginnt unvermittelt, einander das Gesicht abzulecken, sich die Zungen entgegenzustrecken, sie zu verknoten. Andere Zuschauer bemerken die Züngelnden und folgen ihrem Beispiel, Pärchen für Pärchen, bis die gesam-

te Venue eine einzige testosterondampfende Schlangenkampf-
grube ist. Und siehe: Als der zweite Refrain erklingt, hat der
Zungenkussvirus den Raum verlassen und die gesamte Stadt
infiziert, wir folgen der Kamera durch die Tür nach draußen,
und wohin wir auch blicken, fallen Passanten übereinander her
und gebrauchen ostentativ ihre Zungen.

Trotz der expliziten und gewollt schmierig wirkenden Darstellung gemahnt die Sequenz weniger an einen Porno als an
einen Zombiefilm – was vor allem daran liegen dürfte, dass die
Küssenden nicht ihren Trieben, sondern dem Diktat der Musik
gehorchen: Als der Song zu Ende ist, lassen die Paare abrupt
voneinander ab und gehen, als wäre nichts geschehen, ausei-
nander. Die *holes to feed*, die Löcher und Leerstellen in den
Gesichtern und Seelen, sind, zumindest für die Dauer eines
Popsongs, hinreichend gefüllt worden.

Kommt zusammen Wenige Jahre vor Depeche Mode hatte
sich die damals bereits weit über neunzigjährige Künstlerin
Louise Bourgeois ebenfalls mit dem Phänomen des Nattern-
kampfs auseinandergesetzt – wobei die Art und Weise, wie die
von ihr gestalteten Figuren ihre Zungen einsetzen, auch an den
Lacroix'schen *Pinsel* gemahnt (Abb. 13).

Wir sehen zwei menschliche Köpfe, ungefähr lebensgroß,
Geschlecht und Gesichtsausdruck bleiben unklar. Die Schädel
sind, wie viele der späten Arbeiten von Bourgeois, aus Stoffres-
ten gestaltet, die schmutzig weiße Gaze, aus der sie vernäht sind,
erinnert an elastische Binden, wie sie in Arztpraxen oder in
der Notfallmedizin zum Einsatz kommen, als wären die Köpfe
bandagiert. Schon die Materialwahl macht klar: Es handelt sich
bei den beiden Küssenden um deformierte Menschen. Ledig-

13 Louise Bourgeois, *Together* (Stoff und Edelstahl, 2005)

lich die Nasen und Augenlider bestehen aus anderem Gewebe, ebenso die Zungen, deren fleischrosa Farbton geradezu naturalistisch wirkt und dadurch visuell heraussticht. Zudem bilden sie das räumliche Zentrum, den Blickfang und Schwerpunkt der Plastik.

Die beiden Zungen sind, ähnlich wie in dem Depeche-Mode-Video, schlangenhaft herausgestreckt, recken sich nach Kräften in den Raum – doch sind sie nicht ineinander verschlungen, sondern berühren sich bloß an den Spitzen, wie die Finger von Gottvater und Adam auf dem Deckenfresko in der Sixtinischen Kapelle. *Together* lautet der ironische Titel der Skulptur, also ›vereinigt‹ oder ›zusammen‹ – aber die Art der Präsentation straft diese Namensgebung Lügen: Die Küssenden sind unbeweglich, ihre Köpfe sind fest auf eine fingerdicke Edelstahlplatte montiert, auf ewig zur Distanz verurteilt: So verzweifelt ihre Zungen auch zueinander streben mögen, sie können zusammen nicht kommen. Die beiden Schädel bleiben in der Schwebe, verdammt zu einem *baiser profond*, der nicht vertieft werden, und zu einer Lust, die niemals Erfüllung finden kann. Wie sollte sie auch? Es handelt sich ja bloß um zwei Köpfe, am Hals vom Torso getrennt: Kreaturen ohne Unterleib.

Et omnia vanitas Ein letzter Blick in die Gegenwartskunst, eine weitere Variation des Themas. Um die Jahrtausendwende produzierte der belgische Provokationskünstler Wim Delvoye ein großformatiges grafisches Werk namens *Lick* (Abb. 14). Es handelt sich um eine Röntgenaufnahme in Schwarz-Weiß, sie zeigt zwei menschliche Schädel im Profil, die Gesichter sind einander zugewandt, augenscheinlich handelt es sich um eine Frau und einen Mann. Die Figur zur Linken, mutmaßlich die weibliche, ist deutlich kleiner als die andere, oberhalb ihrer Schläfe zeichnet sich als weiße Silhouette vor dunklem Hintergrund der Umriss einer Haarspange ab, unterhalb ihres Ohrs

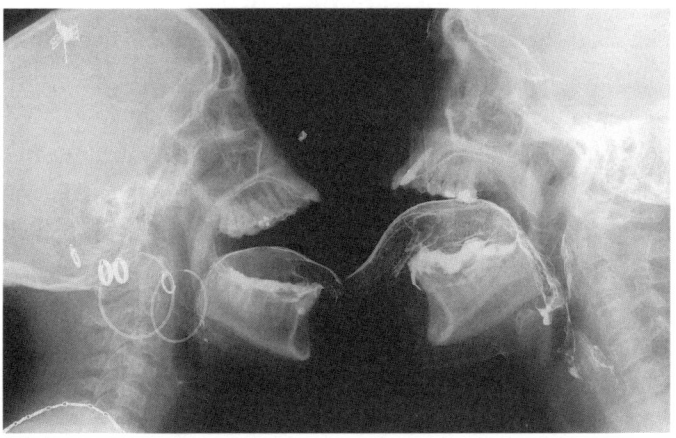

14 Wim Delvoye, *Lick* (C-Print auf Aluminium, 2001)

sehen wir ein halbes Dutzend Ringe in verschiedenen Größen, in der Nase ein winziges Piercing, in der Schultergegend die Träger eines Büstenhalters. Die Figur zur Rechten, mutmaßlich der Mann, ist schmucklos, dafür aber mit einer gewaltigen Zunge bestückt, die aus seinem Mund herausragt und die zwischen dem weit geöffneten Kiefer hervortretende Zunge seiner Partnerin berührt.

Das gegenseitige ›Belecken‹ der Zungen ist dem Titel nach das Thema des Werks – in der Terminologie des Philosophen Roland Barthes, wie er sie in seinem Foto-Essay *Die helle Kammer* entwickelt, könnte man auch sagen: Es handelt sich um das *studium* des Bildes, das heißt, die planvoll platzierte Information im Vordergrund. Von ihm zu unterscheiden ist das *punctum*: Mit diesem Begriff bezeichnet Barthes ein nebensächliches, vom Fotografen womöglich gar nicht beabsichtigtes Bildelement, das aber dennoch die Aufmerksamkeit des Betrachters auf sich zieht, ihn irritiert, in andere visuelle oder gedankliche Sphären katapultiert. Es schießt, so Barthes, »wie ein Pfeil aus seinem Zusammenhang hervor, um mich zu durchbohren«.

Im Falle des Delvoye'schen Werks ist das *punctum* ein kleiner, länglicher, hellgrauer Schatten rechts oberhalb der beiden Zungen – ein Schatten? Nein, eher ein Implantat, eine Prothese: vermutlich ein Stiftzahn im Oberkiefer des Mannes. Und das da? Ja, auch die Frau scheint bei näherer Betrachtung bereits einige zahnmedizinische Behandlungen hinter sich zu haben, auch sie hat mehrere Füllungen im Oberkiefer, die beiden Küssenden sind also offenbar nicht mehr ganz jung – auf jeden Fall alt genug, um Zahnersatz zu benötigen. Der Anblick dieser Dentalreparaturen bringt unwillkürlich das Thema der Vergänglichkeit mit ins Spiel – und damit das *studium* des Bildes ins Wanken.

Denn während der Zungenkuss implizit auf Prokreation

drängt, auf jugendlich-ungestüme Lust, auf Fortpflanzung und Fortführung des Lebens, stehen die schadhaften Zähne diesem Drang brutal entgegen: Sie fungieren als modernes Vanitas-Motiv, als Erinnerung an die Halbwertszeit aller irdischen Freuden, wie die winzigen Käfer oder Schnecken am Bildrand eines Barock-Stilllebens. Zu diesem Vergänglichkeitsflair trägt auch die röntgenfotografische Methode bei. Zum einen handelt es sich bei den beiden Liebenden, so legt der medizinische Tiefenblick nah, um nichts weiter als befleischte Skelette, Knochen-Paule und -Paula, Figuren wie aus einem mittelalterlichen Totentanz. Darüber hinaus gemahnen ihre hell-transparenten Schemen aber auch an Rauchschwaden: flüchtige Schleier aus Kohlenstoff, die sich vorübergehend zu einem Menschenleben verdichten, aber jeden Moment wieder auflösen können. Apropos: Waren die beiden Portraitierten, während sie für dieses Bild Modell saßen, nicht erheblichen Dosen radioaktiver Strahlung ausgesetzt? Wie oft musste der Röntgen-Shoot wiederholt werden? Wussten die Modelle, worauf sie sich einließen? Hat womöglich die Tatsache, dass der Künstler sie als Küssende verewigt hat, paradoxerweise zu einer Verringerung ihrer Lebenszeit beigetragen?

Die vielleicht wichtigste Frage aber lautet: Was kann uns ein solches bildgebendes Verfahren über das Wesen des Zungenkusses verraten? Lässt es auch nur annähernd erahnen, welche Gerüche, Geräusche, Gedanken, Gefühle daran beteiligt sind? Dies ist die eigentliche Pointe des Delvoye'schen Werkes: Es zeigt uns jede Faser und Faszie, jeden Muskel der küssenden Zungen mit medizintechnischer Präzision – aber das wahre Wesen dieser Form der Intimität bleibt außen vor. Der Zungenkuss als solcher bleibt unbeschreiblich.

sprechen

Lalu, lalu lalu lalu la!

Christian Morgenstern,
Das große Lalulā

In einem der bekanntesten Sketche des Komikers Loriot tritt ein
Wissenschaftler namens Dr. Sommer auf, der seinem Hund angeblich das Sprechen beigebracht hat. Mit welcher Methode er
das denn gemacht habe, will ein Fernseh-Interviewer von ihm
wissen. Über vier Jahre habe er, erklärt Dr. Sommer, seines Zei-
chens Gründer und Leiter der Tierpädagogischen Hochschule
in Cuxhaven, das Tier täglich acht Stunden lang unterrichtet,
»durch langsames Vorsprechen, Zungenübungen und intensive
Atemtechnik«. »Sen-sa-tio-nell!«, sagt der Interviewer – hakt
aber doch noch einmal nach: Ob der Hund, der bislang nur
stumm danebensaß und mäßig intelligent dreinblickte, denn
auch mal etwas sagen könne? »Gern. Bello, sag mal: Wo!« –
»O!«

Der weitere Ablauf des Sketchs dürfte bekannt sein, er ist zu
weiten Teilen in den Zitatenschatz der deutschen Sprache ein-
gegangen, 2011 widmete ihm die Bundespost sogar eine Sonder-
briefmarke (Abb. 15). Tierpädagoge Sommer fordert dem Hund
immer längere und kompliziertere Sätze ab (»Herr Otto Mohl
fühlt sich unwohl am Pol ohne Atomstrom«), doch sein Zun-
gentraining scheint nicht recht gefruchtet zu haben, alles, was
Bello zustande bringt, ist eine Aneinanderreihung von O-Tö-
nen sowie ein orales Furzgeräusch. Als der Interviewer schließ-

145

Für die Wohlfahrtspflege *Deutschland* 2011

15 Zungenübungen und intensive Atemtechnik

lich lautstark an der Sprachbegabung des Hundes zu zweifeln beginnt, stößt Bello erstmals ein artgemäßes Heulen aus, einen langgezogenen Klagelaut. Was er denn jetzt schon wieder gesagt habe, will der Journalist wissen. »Fischers Fritze fischt frische Fische«, sagt Dr. Sommer.

Natürlich: ein Zungenbrecher.

Artistikulation Der Loriot-Sketch zeigt: Für die Kulturtechnik der Sprache reicht es nicht aus, dass man eine Zunge hat – man muss sie auch zu verwenden wissen. Der Hund Bello scheint ein kognitiv hochentwickeltes Tier zu sein, er versteht, was er sagen soll, kennt die Grundzüge der Grammatik und zerlegt die ihm vorgesprochenen Sätze korrekt in einzelne Wörter und Silben – aber er kann einfach beim besten Willen keinen anderen Vokal als ein geschlossenes O produzieren, und Konsonanten schon gar nicht. *He can't wrap his tongue around it*, wie

146

man auf Englisch sagen würde: Er kriegt die Wörter mit seiner Hundezunge einfach nicht zu fassen.

Tatsächlich sind die Bewegungen, die die menschliche Zunge bei der Lautbildung vollführt, nichts weniger als artistisch – man ist geneigt, von Artistikulation zu sprechen. Zum einen ist die Zunge maßgeblich an der Bildung der Vokale beteiligt, ihre Lage und Höhe beeinflussen die Resonanzeigenschaften des Mundes und damit die Lautqualität. Das [i] beispielsweise wird, als sogenannter Extremvokal, sehr weit oben und vorn in der Mundhöhle gebildet, die Zunge berührt dabei fast den harten Gaumen. Beim [ɑ] steht der Mund weit offen und die Zunge ist so weit wie möglich zurückgezogen. Der dritte Extremvokal [u] entsteht ebenfalls mit zurückgezogener Zunge, aber beinah geschlossenem Mund, am weichen Gaumen. Der von Bello bevorzugte Laut [ɔ] ist nun denkbar weit von diesen Extremen entfernt. Er liegt auf halber Strecke zwischen dem [ɑ] und dem [u], die Zunge befindet sich auf halber Höhe, der Mund ist halb geöffnet – anders gesagt: Es handelt sich um einen Vokal, den man auch als Tier mit begrenzter Zungenfertigkeit halbwegs plausibel hervorbringen kann.

Bei den Konsonanten sieht es hingegen ganz anders aus: Hier zeigt die menschliche Zunge die ganze Bandbreite ihres Könnens, ihre besondere Flexibilität und Vielseitigkeit. Als wichtigster Artikulator kann sie sich allen erdenklichen Bereichen des Mundraums nähern und dadurch die Stelle bestimmen, wo der Konsonant gebildet wird. Bezeichnend ist, dass in der linguistischen Terminologie in der Regel nur dieser Artikulationsort, nicht aber die Zunge (oder der Zungenbereich, der an der Lautbildung beteiligt ist), genannt wird: Ihre Teilhabe an der Konsonantenbildung wird stillschweigend vorausgesetzt.

Geht man den Mundraum von vorne nach hinten durch, von den Schneidezähnen bis zum Rachen, so ergibt sich folgendes Bild: Berührt die Zungenspitze die oberen Schneidezähne (lateinisch *dentes*) und lässt dann Luft durch diesen Engpass strömen, entsteht ein sogenannter Dentallaut, ein Beispiel hierfür wäre das englische <th>. Berührt sie den Damm hinter den Schneidezähnen, anatomischer Name *alveolus,* entsteht ein Alveolar: Je nachdem, ob die angestaute Luft explosiv oder langsam entweicht und ob der Laut stimmhaft ausgesprochen wird oder nicht, wird dieser Laut im Deutschen mit <t>, <d>, <n>, <s> oder <z> umschrieben. Berührt das Zungenblatt den Bereich hinter dem Zahndamm, erklingt folgerichtig ein Postalveolar, ein Reibelaut wie in *Sch*am oder Blama*g*e. Schmiegt sich der Zungenrücken an den harten Gaumen (*palatum*), entsteht ein Palatal, ein weicher [ç]-Laut wie im deutschen Wort *ich*. Liegt er etwas weiter hinten am Gaumensegel (*velum*), bezeichnet man den dort produzierten Laut als Velar, verschriftlicht durch <k>, <g> oder ein hart ausgesprochenes <ch>. Wird der Laut schließlich noch weiter hinten in der Mundhöhle artikuliert, nämlich mit dem Zungenrücken am Zäpfchen (*uvula*), spricht man von einem Uvular: Er entsteht etwa bei Aussprache des Buchstabens *r*.

Hier endet das Wirkungsfeld der Zunge – zumindest im deutschen Sprachraum. Im Arabischen sowie in semitischen Sprachen gibt es noch sogenannte Pharyngale, die zwischen Zungenwurzel und Rachenwand (*pharynx*) produziert werden, wodurch ein kehliger, schabender Laut entsteht. Man sieht: Alle Abschnitte der Zunge, vom Apex bis zur Radix, kommen bei der Konsonantenbildung auf ihre Kosten.

Und es hat klick gemacht Darüber hinaus existieren noch eine ganze Fülle an parasprachlichen Schnalz-, Schmatz- und Klicklauten: Sie entstehen dadurch, dass sich die Zunge am jeweiligen Artikulationsort festsaugt, dort einen Unterdruck produziert und diesen dann mehr oder weniger schnell und geräuschvoll auflöst. Im lateinischen Alphabet sind die dabei entstehenden Geräusche kaum angemessen zu verschriftlichen – sie können aber dennoch den semantischen Gehalt eines vollständigen Satzes transportieren.

Man denke an das missbilligende Schnalzen der Zungenspitze am oberen Zahndamm, das im Deutschen meist durch die Buchstabenfolge <ts> wiedergegeben wird, oft von tadelndem Kopfschütteln begleitet ist und so viel bedeutet wie: *Hast du wieder Unsinn gemacht?*, oder: *Hab ich's dir nicht tausendmal gesagt?* Man denke an das ganz ähnliche, vom Missbilligungsschnalzen allenfalls durch Frequenz und Häufigkeit unterschiedene Geräusch, mit dem Menschen streunende Katzen oder Eichhörnchen anzulocken versuchen. Oder an das einmalige, laute Schnalzgeräusch, das zwischen Gaumen und seitlichem Zahndamm gebildet wird, sich in der Regel an Hunde richtet und so viel bedeutet wie: *Bello, bei Fuß!*

Zu guter Letzt sei an den Fall des blinden US-Amerikaners Daniel Kish erinnert, der seine Zunge erfolgreich als Echolokations-Instrument einsetzt, als eine Art Sonar, ähnlich jener Methode, mit der sich Fledermäuse im Dunkeln orientieren. Je nach Geräuschkulisse produziert Kish mit seiner Zunge mehr oder weniger intensive Klicklaute und kann anhand der Qualität und Intensität des zurückgeworfenen Echos nicht nur die Entfernung, sondern auch die Materialität seiner Umgebung einschätzen. »Jede Oberfläche hat ihre eigene akustische Signatur«, erklärt Kish. »Ich kann zum Beispiel einen Baum erkennen, weil der Stamm ein anderes Echo erzeugt als die Blätter.

Ein Schnalzen mit der Zunge, und ich kann meine gesamte Umgebung identifizieren. Es lässt in meinem Kopf ein dreidimensionales Bild entstehen, mit räumlicher Tiefe, mit spezifischen Eigenschaften und Details. Es wirft Licht in das Dunkel.«

Lo. Li. Ta. Der Paradelaut für die Zunge schlechthin ist allerdings das [l] – im Deutschen durch den zwölften Buchstaben des Alphabets, eben das <l>, verschriftlicht. Bei der Bildung dieses Konsonanten reckt sich die Zunge entschlossen nach oben, so als wollte sie den Mundraum in Richtung Nase durchstoßen. Die Zungenspitze ist (wie bei der ›obszönen‹ Geste, mit der Menschen ihre Paarungsbereitschaft signalisieren) gegen den Zahndamm gestemmt. Die Lippen sind halb geöffnet, sodass man die gut durchblutete, schleimig-feuchte Zungenunterseite erkennen kann. Strömt dann behutsam Luft aus dem Mund, entsteht zwischen Wangen und Zungenrändern ein stimmhafter Fließlaut, die Zunge vibriert, wird in ihrer ganzen Leiblichkeit spürbar: ein warmes, wohliges Gefühl, das durchaus libidinöse Züge trägt. Es ist darum womöglich kein Zufall, dass so viele Begriffe aus dem Themenkreis der Liebe, Lust und Libido mit diesem Buchstaben beginnen. Wer diese Wörter ausspricht, der wärmt gewissermaßen schon einmal das Organ vor, mit dem er auch *lecken, lechzen, lutschen* oder *lüsterne Küsse* verteilen könnte. Das <l> wäre mithin eine Art Lautgedicht en miniature, die kürzeste Liebeserklärung der Welt: ein onomatopoetischer Buchstabe.

Besonders deutlich wird dies, wenn man den Beginn von Vladimir Nabokovs Roman *Lolita* betrachtet, dessen Titelheldin die fragliche Letter bezeichnenderweise gleich zweimal im Vornamen trägt.

Lolita, light of my life, fire of my loins. My sin, my soul.
Lo-lee-ta: the tip of the tongue taking a trip of three steps
down the palate to tap, at three, on the teeth. Lo. Lee. Ta.

Lolita, Licht meines Lebens, Feuer meiner Lenden. Meine
Sünde, meine Seele. Lo-li-ta: die Zungenspitze macht
drei Sprünge den Gaumen hinab und tippt bei Drei gegen
die Zähne. Lo. Li. Ta.

Der Erzähler namens Humbert Humbert weidet sich erkennbar
am Kosenamen seiner minderjährigen Geliebten: Er lässt sich
die Silben auf der Zunge zergehen. Er schmeckt ihnen nach. Er
nimmt sie zum Anlass für eine Alliterationslawine, die – wie
sollte es anders sein? – sich maßgeblich aus jenen zwei Konsonanten speist, die im Namen Lolita enthalten sind: *light, life,*
loin, tip, tongue, trip, tap, teeth. Lo. Li. Ta.

Dem Erzähler unterläuft bei der phonologischen Analyse
aber ein entscheidender Fehler. Die Zungenspitze macht bei der
Artikulation des Namens Lolita nämlich keine »Sprünge den
Gaumen hinab«, keinen *trip down the palate*, und sie berührt
bei der Aussprache der letzten Silbe auch nicht die Schneidezähne (sonst hieße das Mädchen *Lolitha*): Alle drei Konsonanten ([l], [l] und [t]) werden vielmehr an derselben Stelle artikuliert, nämlich alveolar, also mit der Zungenspitze am Zahndamm.

Warum Humbert Humbert, in der Romanfiktion immerhin
studierter Anglist, sich zungenanalytisch derart im Mundraum
verrennt, darüber kann man nur spekulieren. Vielleicht nimmt
er in diesem einleitenden Absatz bereits – bewusst oder unbewusst – den Bogen der Geschichte vorweg, die er im Folgenden
entfaltet: Lolita wird einen anderen heiraten. Der eifersüchtige
Alte wird seinen Nebenbuhler ermorden, und er wird dafür im

Gefängnis enden, wo er sich nun, zum Zeitpunkt des Erzählens, befindet. Anders gesagt: Nicht seine Zunge – Humbert Humbert ist *down*. Der Weg nach unten wird nicht von seinem Sprechorgan, sondern von ihm selbst vollzogen.

Lull und lall Aber: Die Zunge ist eben nicht nur das Organ der Lust, sondern auch des Logos. Sie ist hin- und hergerissen zwischen dionysisch-triebhaften Kräften, die sie nach unten ziehen, und einem apollinisch-rationalen Impuls, der himmelwärts weist – und dieser zeigt sich, wie wohl keine andere menschliche Eigenschaft, in der Fähigkeit zur symbolischen Kommunikation. Entsprechend ist der Zungenlaut [l] auch prominent in Begriffen vertreten, die mit dem Thema *Sprache* zu tun haben: Im altgriechischen λόγος steht er an erster Stelle, aber auch im lateinischen *lingua*, im englischen *language* oder im entsprechenden Kunstbegriff der Welthilfssprache Esperanto *lingvajo*. Gleiches gilt für deutsche Lehnwörter wie *Linguistik*, für lautmalerische Ausdrücke wie *labern* oder für das Verb *lispeln*, das den Sprachfehler, den es beschreibt, zugleich performativ umsetzt: Wer das <s> dental ausspricht, also mit der Zungenspitze zwischen den Vorderzähnen, der lispelt.

Am deutlichsten tritt die Rolle des <l> für den Spracherwerb aber in jenem Wort zutage, das die frühesten Äußerungen des Menschen beschreibt: *lallen*. Zugegeben, von Rationalität ist hier noch nicht allzu viel zu spüren, im Gegenteil: Das Lallen gilt als Inbegriff der ersten, unbeholfen-kindlichen Zungenschritte oder als Umschreibung für berauschte Sprechversuche und andere Formen der Nonsens-Kommunikation. »Herrscher des Himmels, erhöre das Lallen«, singt der gemischte Chor in Johann Sebastian Bachs *Weihnachtsoratorium* und meint damit: Unsere menschlichen Gebete sind ungenügend – aber wir hoffen dennoch inständig, dass sie erhört werden. »Amaretto ist ein geiles Zeug, ich bin schon lull und lall«, singt Manne Praeker von der Gruppe Spliff im Achtzigerjahre-Hit »Carbonara« und meint damit: Ich bin schon ziemlich betrunken – aber ich hoffe dennoch inständig, dass ich dich zu einer Portion Spaghetti einladen darf.

Wie andere Protoworte (*Mama* oder *Papa*) erprobt das Lallen spielerisch den Wechsel zwischen Konsonanten und Vokalen, es ist reines Muskelspiel, ein Zeichen ohne Signifikation: Das Lallen verhält sich, in den Worten des Philosophen Hermann Schmitz, zum Sprechen »wie das Saugen zum Kauen«, stellt also eine Vorstufe zu höheren Herausforderungen dar. »Das Lallen und das Saugen befassen sich noch nicht mit der Aufgabe, durch Hervorbringung im ersten und Einverleibung im zweiten Fall mit (…) zu formenden Gegenständen fertig zu werden, etwa mit einem Wort, das artikuliert, oder einem Bissen, der zerkleinert werden muss«, so Schmitz weiter. »Sie üben nur überhaupt die Funktionen des leiblichen Richtens und der Produktion von Mundwerken.« Glückt diese Aufgabe, so entstehen aus dem frühkindlichen Lalulā, diesem rhythmisierten, aber noch weitgehend bedeutungslosen Wechsel von Zungenlauten und Vokalen, schließlich auch semantisch aufgeladene Wörter. Aus dem Lallen entwickelt sich der Logos, aus dem Brabbeln verständliche Sprechakte.

Mangiare, tu capito?

Portionen des Denkens Mit der erhöhten Artikulationskompetenz geht bei der Entwicklung des Menschen in der Regel auch eine gesteigerte Fähigkeit zur Kognition einher – folgt man dem Sprachwissenschaftler Wilhelm von Humboldt, sind diese beiden Tätigkeiten, Sprechen und Denken, sogar überhaupt nicht voneinander zu trennen: »Die Sprache beginnt (…) unmittelbar und sogleich mit dem ersten Akt der Reflexion, und so wie der Mensch aus der Dumpfheit der Begierde, in welcher das Subjekt das Objekt verschlingt, zum Selbstbewußtsein erwacht, so ist auch das Wort da«, schreibt Humboldt in seinem Aufsatz *Über Sprechen und Denken*. Auch aktuelle neurowissenschaftliche Untersuchungen stützen diese These. »Man kann es sich vielleicht so vorstellen«, sagt Ian Wishaw von der Universität Lethbridge in Kanada: »Was man mit der Zunge erreichen kann, (…) das kann man auch mit Händen fassen und gedanklich begreifen.«

Dass diese Fähigkeiten simultan einsetzen, ist kein Zufall: Sie sind strukturell gleichartig, bedingen sich gegenseitig. Der abstrakte Gedanke ist an das von der Zunge artikulierte Wort geheftet, und umgekehrt. Sowohl die Sprache als auch das Denken identifizieren und isolieren einzelne Segmente – im einen Fall aus der akustischen Welt der verbal produzierbaren Laute, im anderen aus der abstrakten Sphäre der Wahrnehmungen, Gefühle und Ideen – und arrangieren sie jeweils neu, zu anderen Lautfolgen beziehungsweise neuen, komplexen Gedanken. »Als der Mensch Sprachzeichen suchte, hatte sein Verstand das Geschäft zu unterscheiden«, so Humboldt weiter:

> Er bildete dabei ferner Ganze, die nicht wirkliche Dinge, sondern Begriffe, also eine freiere Behandlung, abermalige Trennung und neue Verbindung, zulassend, waren. Diesem gemäss wählte also auch die Zunge artikulirte

Töne, solche die aus Elementen bestehen, welche vielfache neue Zusammensetzungen erlauben.

Anders gesagt: Der Mensch kann die Welt niemals in ihrer Gänze, sondern immer nur häppchenweise erfassen, indem er sie sozusagen in verdauliche Brocken zerlegt. Die Zunge formt lautliche Bissen – der Geist formt, in Wilhelm von Humboldts Formulierung, »Portionen des Denkens«. Und je komplizierter die Lautfolgen sind, die die Zunge aus diesen Elementen kombiniert, desto komplexer sind in der Regel auch die dadurch formulierten Gedanken.

Ein Beispiel? Die Wendung *stimmloser lamino-postalveolarer Frikativ* ist nicht nur vergleichsweise schwierig auszusprechen, sie beschreibt auch ein kompliziertes Konzept: einen zischenden Reibelaut, der entsteht, wenn das Zungenblatt den hinteren, konvexen Teil des Zahndamms berührt, während ohne Beteiligung der Stimmlippen Luft aus dem Rachen durch die dadurch entstandene Engstelle strömt.

Zugegeben: Man könnte auch einfach *sch* sagen.

Töne im Kopf Eine eindrückliche literarische Umsetzung der Humboldt'schen Theorie zum Zusammenspiel von Sprechen und Denken bietet die Erzählung »Eine ferne Episode« des amerikanischen Autors Paul Bowles, der in Deutschland vor allem durch seinen Roman *Der Himmel über der Wüste* bekannt ist. Auch »Eine ferne Episode« spielt in der Wüste, genauer gesagt im südlichen Marokko. Im Zentrum der Erzählung steht ein westlicher Linguistik-Experte, der dort die lokalen maghrebinischen Dialekte studieren will.

»Der Professor«, wie er schlicht und lakonisch genannt wird, reist alleine. Er spricht offenbar Französisch, außerdem Hocharabisch und verfügt über rudimentäre Kenntnisse der von ihm erforschten Dialektvarietäten, aber er ist erstaunlich unkundig, was nonverbale Kommunikation anbelangt. So versteht er die Mimik und Körpersprache eines örtlichen Kaffeehausbetreibers völlig falsch, lässt sich von ihm unter Vorspiegelung falscher Tatsachen in einen nächtlichen Steinbruch locken – und wird Opfer einer barbarischen Tat: Dort lagernde Nomaden vom Stamm der Reguibat schlagen ihn bewusstlos, fesseln ihn und schneiden ihm am nächsten Morgen kurzerhand die Zunge ab. »Immer wieder ging ihm das Wort ›Operation‹ durch den Kopf; es beruhigte seine Furcht ein wenig, und dann versank er wieder in der Dunkelheit.« Es wird der letzte abstrakte Begriff sein, den der Professor denkt: Ehe er sich versieht, ist er ein zungenloser Sklave, der für seine Besitzer tanzen, sich auf dem Boden wälzen und wilde Tiere imitieren muss.

Die Erzählung stellt zunächst einmal eine Inversion der klassischen kolonialen Situation dar: Ein Mensch wird aus heiterem Himmel seiner Freiheit beraubt, seiner individuellen und kollektiven Geschichte entrissen, zum ›Ding‹ gemacht – aber es ist ausnahmsweise kein Afrikaner, der hier versklavt und verstümmelt wird, sondern ein weißer, westlicher Gelehrter. Die über diese Kontrafaktur hinausreichende Grundfrage, die hinter dem Text lauert, lautet: Was geschieht mit einem Menschen, der seine Zunge verliert? Der plötzlich nicht mehr sprechen kann, obwohl die Sprachwissenschaft doch sogar sein Lebensinhalt ist? Die so brutale wie bündige Antwort lautet: Er wird zum Tier. »Auch als alle Wunden geheilt waren und er keinen Schmerz mehr fühlte, fing der Professor nicht wieder an zu denken«, schreibt Bowles. Es ist, als wäre dem Professor zusammen mit der Fähigkeit zur Artikulation auch die Ratio entfernt worden.

Sein Dasein ist fortan auf die simpelsten Körperfunktionen reduziert: Er isst und defäkiert, schläft tagsüber bei den Kamelen, fügt sich in seine Rolle als Tanztier, verliert auch seine passive Sprachkompetenz – und als er Jahre später zufällig französische Schriftzeichen auf einem Kalenderblatt erblickt, betrachtet er sie nervös »wie ein Hund, der eine Fliege vor seiner Nase verfolgt«. Er erkennt keine Zeichen mehr, sondern nur die Materialität der Schrift.

Am Schluss der Geschichte rennt er besinnungslos heulend in die Wüste, in das stumme Nichts, das dem Existenzialisten Paul Bowles zufolge der eigentliche Protagonist dieser Geschichte ist. Das Absurde bestehe darin, dass der Mensch fragt und die Welt vernunftwidrig schweigt, lautet ein berühmtes Diktum von Albert Camus. In »Eine ferne Episode« kann der Mensch nicht einmal mehr Fragen stellen. Sowohl die physische als auch die psychische Fähigkeit dazu sind ihm mit seiner Zunge abhandengekommen.

Großhirn an Zunge Die Beziehung zwischen Sprechen und Denken ist also durchaus prekär – und zwar nicht nur, wenn die Zunge mit Gewalt entfernt wurde. Auch wenn sie sich an ihrem von der Anatomie bestimmten Ort befindet, kann sich die Zunge absurd und vernunftwidrig verhalten.

Zahllose Redensarten künden von dieser psycho-physischen Dissonanz, diesem tiefen Misstrauen des Verstandes gegenüber dem Sprachorgan. Wenn jemand eine *schwere Zunge* oder gar *einen Knoten in der Zunge* hat, kann er sich nicht so unbeschwert artikulieren, wie ihm das im Geiste vorschwebt. Wer etwas sagen möchte, aber nicht die passenden Worte findet, dem liegen sie, ohne dass das Sprachzentrum operativen

Zugriff auf sie hätte, *auf der Zunge*. Wer etwas öffentlich aus- geplappert hat, das er besser heruntergeschluckt hätte, der könnte sich manchmal *auf die Zunge beißen* oder gar *die Zunge abschneiden*. Und wer sich notorisch des Verplapperns schul- dig gemacht hat, dem erteilt man den wohlmeinenden Rat: *Hüte deine Zunge!*, wahlweise auch: *Halte deine Zunge im Zaum!* – gerade so, als wäre sie ein Pferd.

Der Urtext für diese letztgenannte Wendung findet sich im Neuen Testament, im Brief des Jakobus. »Wenn wir den Pfer- den den Zaum ins Maul legen, damit sie uns gehorchen, so len- ken wir ihren ganzen Leib«, heißt es dort:

> So ist auch die Zunge ein kleines Glied und richtet große
> Dinge an. Siehe, ein kleines Feuer, welch einen Wald
> zündet's an! Auch die Zunge ist ein Feuer, eine Welt voll
> Ungerechtigkeit. So ist die Zunge unter unsern Glie-
> dern: sie befleckt den ganzen Leib und zündet die ganze
> Welt an und ist selbst von der Hölle entzündet. Denn
> jede Art von Tieren und Vögeln und Schlangen und See-
> tieren wird gezähmt und ist gezähmt vom Menschen,
> aber die Zunge kann kein Mensch zähmen, das unruhige
> Übel, voll tödlichen Giftes.

Es ist kein besonders positives Bild, das hier von der Zunge gezeichnet wird. Zum einen hat sie dem Verfasser zufolge das Potenzial, Menschen für eine böse Sache zu *entflammen*, und zwar nicht bloß die Zuhörerinnen und Zuhörer, sondern auch den Sprechenden selbst – die Ursache hierfür liegt freilich tie- fer, der Brandherd befindet sich in der Hölle. Zum anderen lässt sich diese fatale Neigung der Zunge zur rhetorischen Brandstiftung kaum einhegen: Das Organ, so beklagt der Text, sei unkontrollierbar. Es verhält sich animalisch, wie ein ungestümes Tier, ja, schlimmer noch: Vögel kann man dressieren, Schlangen beschwören, Fische züchten, Pferden ein Zaumzeug anlegen – die Zunge hingegen lässt sich einfach nicht bezähmen. Hat sie einmal Feuer gefangen, tobt sie durch den Mund wie ein tollwütiger Mustang und wiehert ihre Botschaften ungebremst in die Welt hinaus.

Präsidentsfall Zwei Jahrtausende später sollte der Begründer der Psychoanalyse Sigmund Freud ein ganz ähnliches Bild bemühen, um das Verhältnis zwischen dem *Ich* (als dem gedachten Vertreter der Ratio) und dem *Es* (als dem Repräsentanten der Triebkräfte) zu beschreiben. »Wie dem Reiter, will er sich nicht vom Pferd trennen, oft nichts anderes übrigbleibt, als es dahin zu führen, wohin es gehen will«, schreibt Freud, »so pflegt auch das Ich den Willen des Es in Handlung umzusetzen, als ob es der eigene wäre.« Anders gesagt: Der Mensch hat gar keine andere Wahl, als der Marschrichtung, die das Unbewusste ihm vorgibt, zu folgen. Er kann allenfalls gute Miene zum bösen Spiel machen und so tun, als handelte er aus freien Stücken. Auf das Verhältnis zwischen Sprachzentrum und Zunge übertragen: Der Mensch muss die Eseleien seines Organs, dessen Verplapperer, Fauxpas und Freud'schen Versprecher, wohl oder übel hinnehmen – es bleibt ihm nur, tapfer zu lächeln und zu versuchen, so gut es geht im Sattel zu bleiben.

Das derzeit prominenteste Opfer solcher Zungenkapriolen dürfte der amtierende amerikanische Präsident Joe Biden sein, der sich selbst einmal scherzhaft als »Fauxpas-Maschine« bezeichnete. Zur Amtszeit seines Vorvorgängers Barack Obama, als Biden noch Vize und seine eigene Wahl unabsehbar war, sprach er einmal versehentlich von sich selbst als *president*. Jahre später, als Joe Biden tatsächlich das erste Amt im Staat bekleidete, bezeichnete er wiederum seine eigene Stellvertreterin Kamala Harris als »Präsidentin«. Im Frühjahr 2022 schließlich, kurz nach dem russischen Überfall auf die Ukraine, vergaloppierte sich Biden bei einer Ansprache vor amerikanischen Soldaten in Polen und erklärte, die GIs würden die Situation im umkämpften Nachbarland ja demnächst mit eigenen Augen sehen: »You will see for yourself when you get there« – eine Erklärung, die sein Sprecher hinterher nur mit größter Mühe wieder einhegen konnte. Schließlich waren die USA peinlich darauf bedacht, die Ukraine zwar militärisch, finanziell und humanitär zu unterstützen, aber auf keinen Fall selbst zur Kriegspartei zu werden.

Ob aus solchen Versprechern das vielbeschworene Freud'-sche Unbewusste spricht, ob sich darin grundsätzliches rhetorisches Ungeschick Bahn bricht oder, im Fall Biden, beginnende Senilität äußert, sei dahingestellt; im anglophonen Volksmund wird die Schuld meist auf das exekutive Organ abgewälzt, man spricht von *slips of the tongue*. In der Tat handelt es sich meist nur um punktuelle, auf ein einzelnes Wort oder allenfalls einen Satz bezogene Ausrutscher: Der Gaul geht mit dem Sprechenden durch, droht ihn abzuwerfen – doch dann reißt sich der Betroffene idealerweise am Riemen und lenkt seine Rede in ruhigere Bahnen. Lässt er hingegen längerfristig die Zügel schießen, ja, gibt er sich dem wilden Galopp seiner Zunge scheinbar willfährig und ohne Bezähmungsbemühungen hin, wird man kaum mehr von einem verbalen Stolperer sprechen. Dann handelt es sich vielmehr um einen ausgewachsenen Fall von *Glossolalie*, wie der griechischstämmige Fachbegriff lautet: Dann spricht, redet oder lallt der betroffene Mensch *in Zungen*.

Zawlazaw zawlazaw Schon die Verwendung der Präposition *in* ist bei dieser Wendung bezeichnend. Wer *in Zungen spricht*, der hat eben nicht die Oberhand, er sitzt nicht, um ein letztes Mal die Bildhaftigkeit des Jakobusbriefs zu bemühen, auf dem Rücken des rhetorischen Pferdes – nein, er steckt mittendrin. Die Zunge umhüllt ihn, charakterisiert und bestimmt ihn, sie prägt in diesem Moment sein ganzes Sein. Er *ist* seine Zunge, und sie ist das Organ, dem in diesem Moment alle Aufmerksamkeit zuteilwird.

Hinzu kommt, dass unklar ist, inwieweit jemand, der *in Zungen spricht*, an dieser Tätigkeit überhaupt als selbstbestimmtes Subjekt beteiligt ist. Glossolalie, schreibt die Ethnologin Heike Behrend, sei eine Art zu sprechen,

> die nichts mitteilt außer den Akt der Kommunikation selbst. (…) Es handelt sich also um eine phatische Form der Kommunikation, um eine Übertragung, deren Botschaft die Tatsache der Übertragung ist. ›Die Geräusche der Andersheit‹, die aus dem Körper des Besessenen dringen, heben die Autonomie des Sprechers auf, machen ihn zum Objekt der Äußerungen eines Anderen, des heiligen Geistes.

Der Sprechende wird also zu einem willenlosen Trägermedium, einem Transistor, *Radio Santo Spirito*. Was genau der Heilige Geist durch den Menschen und seine Zunge auszudrücken versucht, bleibt dabei oft herzlich unklar. Die Zungenrede, so könnte man zeichentheoretisch formulieren, ist ein Signifikant ohne Signifikat, die Simulation eines Sprechakts. »Il parle pour ne rien dire«, wie der Philosoph Michel de Certeau schreibt: Es will nichts ausdrücken – und kann daher *alles* bedeuten.

In der christlichen Tradition gründet sich das Konzept der Glossolalie maßgeblich auf zwei Passagen aus dem Neuen Testament. In der ersten der beiden Quellen, dem ersten Brief des Paulus an die Korinther, unterscheidet der Apostel zwischen zwei verschiedenen Formen der religiösen Sprache, die er als »Zungenrede« und als »prophetische Rede« bezeichnet – wobei er Letzterer klar den Vorzug gibt. »Denn wer in Zungen redet, der redet nicht für Menschen, sondern für Gott; denn niemand versteht ihn, vielmehr redet er im Geist von Geheimnissen«, mahnt Paulus. »So auch ihr: wenn ihr in Zungen redet und nicht mit deutlichen Worten, wie kann man wissen, was gemeint ist? (…) Wer also in Zungen redet, der bete, daß er's auch auslegen könne.« Die Glossolalie erscheint hier weniger als Zeichen der göttlichen Inspiration, sondern vor allem als hermeneutisches Problem: Sie ist eine Art individuelle Geheimsprache, die kaum zur zwischenmenschlichen Kommunikation taugt.

In der zweiten Quelle, der Apostelgeschichte, ist die Zungenrede weitaus positiver besetzt. Hier werden die Nachfolger Jesu, als sie zu Pfingsten versammelt sind, urplötzlich vom Heiligen Geist ergriffen, in einen rauschhaft-ekstatischen Zustand versetzt – und beginnen in Sprachen zu reden, die sie angeblich weder gelernt noch überhaupt jemals gehört haben.

Und es geschah plötzlich ein Brausen vom Himmel wie von einem gewaltigen Wind und erfüllte das ganze Haus, in dem sie saßen. Und es erschienen ihnen Zungen zerteilt, wie von Feuer; und er setzte sich auf einen jeden von ihnen, und sie wurden alle erfüllt von dem heiligen Geist und fingen an, zu predigen in andern Sprachen, wie der Geist ihnen gab auszusprechen.

Auf bildlichen Darstellungen des Geschehens sind es meist *züngelnde* Flammen – manchmal auch flammende Zungen –, die vom Himmel herabfahren und als Zeichen der Geistergriffenheit über den Köpfen der Apostel schweben. Da diese, anders als die Ekstatiker von Korinth, nicht in einer Phantasiesprache reden, sondern in einer ihnen zwar unbekannten, aber real existierenden *fremden Zunge*, wird diese sprachliche Begabung auch als Xenoglossie bezeichnet. Aber: Lässt sie sich, in Abwesenheit eines Dolmetschers, überhaupt verlässlich von der Glossolalie unterscheiden? Handelt es sich womöglich einfach um zwei Seiten derselben Medaille beziehungsweise derselben Zunge? Und: Spielen solch esoterische Formen der Lautäußerung heute noch eine Rolle?

O kwena kana maSe kana Lässt man pathologische Formen der Glossolalie, wie sie bei Störungen im schizophrenen Spektrum vorkommen, einmal außer Acht, so lassen sich gegenwärtig zwei verschiedene Formen von Zungenrede identifizieren. Erstens ist hier weiterhin die *religiöse Rede* zu nennen, jene Diskurstradition, der das Phänomen ursprünglich entstammt. Allerdings fällt auf, dass das Phänomen innerhalb des kircheninstitutionellen Mainstreams – also beispielsweise in der katholischen Kirche sowie, in Deutschland, in den evangelischen Landeskirchen – so gut wie keine Rolle spielt. Ganz gleich, ob man eine Messe im Kölner Dom oder einen Gottesdienst in der Dresdner Frauenkirche besucht: Die Wahrscheinlichkeit, dass Gemeindemitglieder spontan aufspringen und enthusiasmiert in pseudoaramäischen Singsang verfallen, ist denkbar gering. Das ekstatische Reden oder Singen in Zungen gehört heute vor allem zur liturgischen Praxis von freikirchlichen Gemeinden wie den Pentekostalisten, die schon mit ihrem Namen an das Pfingstwunder erinnern, oder von Gruppierungen charismatischer Prägung: Zu den *charismata*, das heißt den Gaben des Heiligen Geistes, gehört nicht zuletzt die Glossolalie.

Hört man sich Aufnahmen solcher glossolalistischen Performances an, so fällt auf, dass sie, bei allen Unterschieden, wiederkehrende linguistische Merkmale aufweisen. Erstens: Auch wenn sich die Äußerungen keiner bekannten Sprache zuordnen lassen, tragen sie doch rudimentäre grammatikalische Züge; so lassen sie sich zum Beispiel anhand von Betonungen, Pausen und Intonation in ›Sätze‹, ›Wörter‹ und ›Silben‹ einteilen. Zweitens: Die meisten verwendeten Silben sind offen, enden also mit einem Vokal, vorzugsweise auf *-a* oder *-i*. Drittens: Die Äußerungen setzen sich in der Regel aus Konsonanten und Vokalen zusammen, die so oder so ähnlich auch in der Muttersprache des jeweiligen Glossolalisten vorkommen. Sie werden jedoch, viertens, gerne mit exotisch wirkenden Lauten und Inflektionen angereichert, die (bewusst oder unbewusst) Fremdheit signalisieren. Der Linguist Ferdinand de Saussure etwa urteilte über die Zungenrede einer Frau, die eigener Auffassung zufolge »Sanskritoid« sprach, das »einzige und wichtigste Merkmal« dieser Kunstsprache sei, »dass sie nicht französisch klingt«.

Darüber hinaus zeichnen sich, als fünftes und letztes Formmerkmal, Zungenreden häufig durch Stilmittel aus, die man sonst eher mit Werken der Dichtkunst assoziieren würde: Alliterationen, Assonanzen, Reime, ein regelmäßiger Rhythmus – sowie eine vergleichsweise geringe Bandbreite an Lauten, die in immer neuen Kombinationen wiederholt werden:

O kwena kana maSe kana maSina ina kwena
Sanana kanana o kwina kama naSina naSena ina
kwena Simine nana o kwena kana maSina ina
swina kanama naSina o kwina kama naja ina kwina
nanaSa o kwina kana maja Sana ina kwena ma o
kwina mo ina mina ina kwina o na mo.

Es handelt sich hier um das Transkript einer Zungenrede, die in den 1970er Jahren in einer nordamerikanischen Pfingstkirche aufgezeichnet wurde. Ohne dem unbekannten Gemeindemitglied zu nahe treten zu wollen: Linksbündig gesetzt und in einem anderen editorischen Kontext, könnte es sich auch um einen Nonsensvers von Christian Morgenstern (»Sememmi! / Seiokronto«) oder um ein Lautgedicht von Hugo Ball handeln.

Ski-bada-bada-badu Womit wir zur zweiten zeitgenössischen Ausprägung der Glossolalie kommen: einer Form, die auch Menschen, die um jeden charismatischen Gottesdienst einen weiten Bogen machen, vertraut sein dürfte. Die Rede ist von der mündlichen Dichtung sowie, als heute wohl wichtigster Form des künstlerischen Zungenredens, der Jazz-, Hip-Hop- und Songlyrik.

Tatsächlich bestehen zwischen der religiösen Praxis der Glossolalie und der säkularen Tätigkeit des Dichtens mehrere ohrenfällige Parallelen. In beiden Fällen spricht eine vermeintlich höhere Macht – ›der Heilige Geist‹ beziehungsweise ›die Muse‹ – durch den Menschen, macht ihn zum Medium, bemächtigt sich seines Stimmapparats, seiner Zunge. Und in beiden Fällen entsteht durch diese wortwörtliche ›Instrumentalisierung‹ des menschlichen Körpers ein Text, der nicht – oder zumindest nicht in erster Linie – über den Inhalt, sondern über die Form funktioniert. Die Materialität der Sprache rückt in den Vordergrund, die Lautlichkeit des Gesagten wird ebenso wichtig wie die Logik; manchmal ist sie sogar das Einzige, was zählt.

Dies gilt beispielsweise für den sogenannten Scat-Gesang des Jazz, von dem der legendäre Trompeter Louis Armstrong einst behauptete, er habe ihn erfunden, weil ihm bei einer Tonaufnahme das Textblatt herunterfiel und er improvisieren musste. Der Ursprung dieser Technik in der Blasmusik ist noch daran erkennbar, dass die Bilabiale [b] und [p] dominieren, Konsonanten also, bei denen wie beim Trompete- oder Posaunenspiel beide Lippen zum Einsatz kommen.

Ba-da-ba-da-ba
Be-bop-bop-bodda-bope
Bop-ba-bodda-bope
Be-bop-ba-bodda-bope
bop-ba-bodda
Ba-da-ba-da-ba
Be-bop-ba-bodda-bope,

heißt es in dem weltweit erfolgreichsten Exemplar dieses Genres, dem plakativ betitelten Neunzigerjahre-Hit »Scatman (Ski-Ba-Bop-Ba-Dop-Bop)« von Scatman John.

Aber auch im Hip-Hop finden sich zahlreiche Beispiele für quasi-glossolalistisches Sprechen. Das gilt etwa für den Track »Rapper's Delight« der Sugarhill Gang aus dem Jahr 1979, welcher der Kunstform zum kommerziellen Durchbruch verhalf und der mit einer ganzen Kaskade von weitgehend sinnfreien, syntaktisch unverbundenen Wörtern beginnt:

I said a hip-hop, the hippie, the hippie
To the hip, hip-hop and you don't stop the rockin'
To the bang-bang boogie, say up jump the boogie
To the rhythm of the boogie, the beat

Das gilt aber auch für eher obskure Stücke wie »Don't Test/Wu Stallion« aus Jim Jarmuschs Samurai-Epos *Ghost Dog*, in dem der MC Suga Bang Bang, passend zum fernöstlichen Kampf-kunstambiente des Films, allmählich aus jamaikanischem Pa-tois in Phantasie-Chinesisch abdriftet.

Now, now, now, now, now, now
Stallion, stallion, stallion
Ain't seein' them let done come,
Tellin' me murdered dim-him-him-him
Nuna-nuna-him-him man a-run dim-dim-dim-dim

Alles ist da: Stereotype Lautfolgen wie [au], die man als Kampf-schrei aus Kung-Fu-Filmen kennt. Nasale wie [n], die Fremd-heit signalisieren sollen. Sowie Sinologismen wie *dim*, die im Westen als ›typisch Chinesisch‹ gelten. Der orientalisierende Sprechsingsang, der melodisch an die Chinesische Oper ge-mahnt, tut das Übrige: Selten wurde ekstatisch-rauschhafte Zungenrede überzeugender in einen popkulturellen Kontext übertragen als in diesem pseudochinesischen Hip-Hop-Track von Suga Bang Bang.

i zimbra Aber auch im Bereich der *weißen* Popmusik finden sich Beispiele für modernes Zungensingen. Zum Beispiel in dem Track »I Zimbra« der New Yorker Gruppe Talking Heads aus dem Jahr 1979 (ihren Durchbruch sollte die Band allerdings erst ein paar Jahre später mit dem Album *Speaking in Tongues* erleben).

Die Lyrics des Songs stammen ausnahmsweise nicht von Talking-Heads-Sänger David Byrne, sondern sind dem klassischen Dada-Klanggedicht »Gadji beri bimba« von Hugo Ball entlehnt – in popspiritistischem Jargon könnte man sagen: Sie *channeln* Hugo Ball. Dass die Band der *glossolalia* nicht abgeneigt ist, davon zeugt auch der wiederholte Gebrauch des – in englischer Aussprache fast homophonen – Ausdrucks *glassala*.

gadji beri bimba clandridi
lauli lonni cadori gadjam
a bim beri glassala glandride
e glassala tuffm i zimbra

Die musikalische Begleitung – perkussiv, polyrhythmisch, groovend, mit Einflüssen aus Funk und Afrobeat – gibt dem Song eine weltmusikalische Note, die mit dem historischen Ambiente des Textes zu kollidieren scheint. Der Track klingt eher nach Lagos 1979 als nach Zürich 1916, Cabaret Voltaire *meets* Fela Kuti. Betrachtet man Live-Mitschnitte des Songs aus den späten Siebziger- oder frühen Achtzigerjahren, wird die Gemengelage sogar noch verwirrender: Sänger David Byrne tanzt stoisch wie eine teutonische Mensch-Maschine – seine beiden afroamerikanischen Begleitsängerinnen aber interpretieren den Hugo-Ball-Text so feurig, als handelte es sich um eine Beschwörungsformel der nigerianischen Yoruba. Eine *weiße* US-amerikanische Band interpretiert einen Text, der von einem Deutschen im Schweizer Exil geschrieben wurde, und bedient sich dazu eines westafrikanisch geprägten musikalischen Idioms: Wie passt das zusammen? Oder wie man heute, angesichts der Debatten über (pop)kulturelle Appropriation, vermutlich fragen würde: Darf man das überhaupt?

Beim näheren Hinhören ist der von den Talking Heads so kunstvoll inszenierte *clash of cultures* aber geradezu zwingend. Denn: Liegt es nicht gerade im Wesen der Zungenrede, dass sie international ist? Ja, kann sie – als bedeutungsoffene, nicht lehrbare und damit denkbar niedrigschwellige › Weltsprache‹ – womöglich dazu beitragen, kulturelle, religiöse, gender- und klassenspezifische Barrieren und Vorurteile zu überwinden? Kurz gefragt: Ist die Glossolalie, ihrem bald zwei Jahrtausende zurückliegenden Ursprung in einer esoterischen Tradition zum Trotz, hochaktuell?

Mutterzunge Die kurze Antwort lautet: Ja – aber anders, als allgemein angenommen. Um den Beitrag der Zungenrede zur völkerübergreifenden Verständigung angemessen würdigen zu können, müssen wir unser Verständnis des Begriffs Glossolalie erst einmal grundlegend revidieren. Dazu müssen wir aber zurück zur Mutterzunge, jener Sprache, in der sowohl die Apostelgeschichte als auch der Korintherbrief geschrieben wurden: zum Altgriechischen.

Das Wort $\gamma\lambda\tilde{\omega}\sigma\sigma\alpha$, es wurde schon darauf hingewiesen, hat zwei zwar verwandte, in wichtigen Aspekten aber voneinander abweichende Bedeutungen. Einerseits kann es *Sprache* bedeuten – in der Begrifflichkeit von Ferdinand de Saussure: *langue* –, also Altgriechisch, Aramäisch, Französisch und so weiter. Andererseits kann es aber auch das *Organ* bezeichnen, mit dem dieses Regelsystem konkretisiert wird, mit dem es zur gesprochenen Äußerung – Saussure würde sagen: zur *parole* – wird, eben die Zunge. Neuzeitliche Bibelübersetzungen wie jene von Martin Luther oder die Zürcher Bibel haben stets diese zweite Bedeutungsmöglichkeit gewählt. Sie haben die altgriechische Wendung λαλεῖν γλῶσσαις als ›Reden in Zungen‹ wiedergegeben und damit implizit die Vorstellung befördert, dass es sich bei der Glossolalie um eine ekstatische, unverständliche, nicht-kognitive Form der Kommunikation handele.

Möglicherweise ist diese Deutung aber falsch und wir sind all die Jahrhunderte einem Übersetzungsfehler aufgesessen. Die Theologin Luise Schottroff schlägt in ihrem Kommentar zum ersten Korintherbrief nämlich vor, der erstgenannten Bedeutung des Wortes γλῶσσα den Vorzug zu geben und die Formulierung λαλεῖν γλῶσσαις daher nicht als ›Zungenrede‹, sondern als schlichtes ›in Sprachen reden‹ oder auch ›in der Muttersprache reden‹ zu übersetzen. Die Stadt Korinth, so Schottroff, sei in der Antike »ein vielsprachiger Hafen- und Handelsort« gewesen:»Griechisch war Verkehrssprache, Lateinisch Verwaltungs- und Regierungssprache und oft auch Sprache der an Rom orientierten Oberschicht«, außerdem lebten dort aramäischsprachige Juden sowie Menschen aus Nordafrika und Kleinasien, die, zumindest unter sich oder im persönlichen Gebet, vermutlich in ihrer Muttersprache kommunizierten.

Ähnliches gilt für Jerusalem, wo sich das Pfingstwunder aus der Apostelgeschichte ereignete. Es war eine internationale Stadt, in der sich Menschen aus unzähligen Ländern und Kulturkreisen begegneten und in ihren jeweiligen Herkunftssprachen äußerten. »Vielleicht«, schreibt Schottroff, »will der Text nur sagen, dass sie nun alle in ihren Muttersprachen redeten, obwohl die Verkehrssprachen Aramäisch und Griechisch waren.«

Das Wunder, das die Apostelgeschichte beschreibt, wäre also keineswegs, dass mit einem Mal der Heilige Geist in die Zungen der Anwesenden fuhr und sie zu ekstatischem Lallen animierte – es war vielmehr die Tatsache, dass die Anhänger, die sich dort in Jesu Namen zusammengefunden hatten, den unterschiedlichsten Ländern und sozialen Schichten entstammten und weitaus vielsprachiger (heute würde man sagen: diverser) waren als vermutet. Und die Ermahnung des Apostels Paulus, die Korinther mögen sich doch bitte in der Öffentlichkeit mit der unverständlichen Zungenrede zurückhalten und stattdessen lieber »prophetisch« sprechen, wäre einfach als Aufruf zur Mehrsprachigkeit zu verstehen: Zu Hause, innerhalb der Familie oder auch im Gebet soll jeder in seiner Mutterzunge reden dürfen, das erfordert die Menschenwürde sowie die Identität in der Beziehung zu Gott – aber in der Öffentlichkeit sowie bei größeren Gemeindeversammlungen soll er oder sie sich der Verkehrssprache bedienen, um von den Angehörigen der Mehrheitsgesellschaft verstanden zu werden.

»Beide Texte spiegeln die Vielsprachigkeit der Städte unter römischer Herrschaft«, resümiert Schottroff: Sie zeigen vorbildhaft, wie Gemeinschaften »sensibel und akzeptierend mit der Verschiedenheit ihrer Mitglieder und der Außenstehenden umgehen« können. Wenn man nicht wüsste, dass die Theologin sich auf die Situation in der Levante im ersten nachchristlichen Jahrhundert bezieht, könnte man meinen, sie spräche von unserer Gegenwart. Es geht um Migration. Es geht um die Gelingensbedingungen für multikulturelles Zusammenleben. Es geht um die Überwindung von Rassismus, Klassismus und religiöser Diskriminierung. Und es geht nicht zuletzt um Integration durch Sprachkompetenz. Die Zunge erscheint hier – in der nach ihr benannten Glossolalie – als im besten Sinne soziales Organ, als Körperteil, der nach Höherem strebt: nach spiritueller Kommunion mit Gott oder sprachlicher Kommunikation mit der Gemeinschaft. Sie spaltet nicht, sondern vereint. Sie stichelt ihre Adressaten nicht, sondern sie streichelt.

Sie kann freilich auch ganz anders.

stechen

Am Ende wird die Zunge sein.

Im letzten Buch der Bibel, der Apokalypse, berichtet ein Seher namens Johannes von einer Vision, die er auf der griechischen Insel Patmos empfangen haben will. Er sei, so schreibt er, während seines Aufenthalts in der Ägäis plötzlich vom Geist des Herrn ergriffen worden. Anstatt aber wie die Apostel zu Pfingsten in Zungenrede zu verfallen, hörte er eine Stimme, die ihm die Wahrheit über die letzten Tage offenbarte.

Und ich wandte mich um, zu sehen nach der Stimme,
die mit mir redete. Und als ich mich umwandte, sah ich
(…) einen, der war einem Menschensohn gleich, (…)
und aus seinem Munde ging ein scharfes, zweischneidiges
Schwert, und sein Angesicht leuchtete, wie die Sonne
scheint in ihrer Macht.

Trotz der Hieb- und Stichwaffe zwischen den Zähnen gelingt es dem Menschensohn, der von Exegeten meist mit dem wiederkehrenden Messias beziehungsweise Christus identifiziert wird, sich zu artikulieren. Er beauftragt Johannes, die Katastrophenszenarien der Endzeit niederzuschreiben und weiterzugeben – später, nach der Schlacht von Armageddon und dem Untergang Babylons, wird er diese orale Waffe aber auch noch

einmal gemäß ihrer eigentlichen Bestimmung einsetzen: Er tö-
tet damit die verbliebenen Anhänger des Antichrist. »Und die
andern wurden erschlagen mit dem Schwert, das aus dem
Munde dessen ging, der auf dem Pferd saß. Und alle Vögel wurden satt von ihrem Fleisch.«

Auf die tragende Rolle der Zunge bei der Weltschöpfung ist
oben, im Kapitel »lecken«, hingewiesen worden – auch am Untergang der Menschheit ist sie offenbar beteiligt. Sie umschlingt
unsere Geschichte wie eine Schlange, die sich in den Schwanz
beißt: Das Ende der Welt mündet in den Anfang.

Schlag auf Schlag Zahlreiche Künstler des Mittelalters und
der Frühen Neuzeit haben sich an einer bildhaften Darstellung
des Menschensohns mit dem Schwert im Mund versucht – oft
mit, aus heutiger Sicht, unfreiwillig komischen Ergebnissen.
In der Bamberger Apokalypse aus ottonischer Zeit hält Christus das Schwert quer zwischen den Lippen, was ihm die Anmutung eines apportierenden Hundes verleiht. Auf einem ano-
nymen Holzschnitt aus dem späten 16. Jahrhundert, der sich
heute in der Herzog August Bibliothek in Wolfenbüttel befindet, hängt es so weit aus dem Mund des apokalyptischen Ver-
künders, dass man befürchten muss, er könnte jeden Augenblick das Gleichgewicht verlieren und vornüberkippen. Auf
Albrecht Dürers Darstellung der Offenbarung schließlich klebt
der Schwertknauf förmlich an den Lippen des Menschensohns
fest (Abb. 16).

Der Grund für diese unfreiwillige Komik liegt auf der
Hand. Gewiss gemahnt die menschliche Zunge mit ihrer sich
nach vorne verjüngenden, symmetrischen Form sowie der in
der Zungenmitte verlaufende Längsfurche optisch an ein zwei-

16 Albrecht Dürer, Johannes erblickt die sieben Leuchter. Aus der Folge *Apocalipsis cum figuris* (ca. 1496–98)

schneidiges Schwert – doch ist sie ungleich kürzer, außerdem weich, warm, feucht, biegsam: alles Eigenschaften, die ihrem Einsatz als Schlagwaffe zuwiderlaufen. Wenn ein Element des Mundes als aggressiv und waffenhaft gilt, dann sind dies die zum Beißen, Reißen und Schneiden geeigneten Zähne. Was die Visualisierung der Szene noch schwieriger macht, ist die Bildbeschreibung im Neuen Testament, schließlich ist diese anatomisch einigermaßen verwirrend: Wo genau wurzelt die Waffe im Oralraum? Wie soll man mit solch einer scharfen, schweren, zweischneidigen Prothese im Mund überhaupt sprechen können? Und wie kann man – umgekehrt – mit einem Zungenschwert effektiv ausholen, hauen oder stechen?

Es liegt daher nahe, das Motiv des Menschensohns mit der Waffe im Mund allegorisch zu lesen: als Versinnbildlichung der Gewalt des göttlichen Logos; ja, möglicherweise als Ausdruck der Macht, die in allen, auch menschlichen Sprechakten stecken kann. Die Zunge formt nicht nur Konsonanten und Vokale, so scheint das biblische Bild zu sagen, sie produziert nicht bloß flüchtige Schallwellen – nein, sie *tut* etwas, mit sicht- und spürbaren Folgen in der Kohlenstoffwelt. Wer mit solch waffenhaftem Organ spricht, der gibt nicht bloß konstativ Tatsachen wieder oder tut seine Meinung zu einem bereits bekannten prädiskursiven Sachverhalt kund: Nein, er vollzieht, wie man mit dem Philosophen und Begründer der Sprechakttheorie John Langshaw Austin formulieren könnte, eine performative Sprechhandlung.

How to Do Things with Words, heißt Austins wohl bekanntestes Werk: ›Wie man mit Wörtern Sachen macht‹. Austins Theorie wurde seit ihrer Veröffentlichung Mitte der 1950er Jahre vielfach kritisiert und weitergedacht, am prominentesten von John Searle und Jacques Derrida – aber ihre Kernannahme wirkt bis heute in der Sprachphilosophie nach. Mit Wörtern kann man Ehen schließen, Kinder taufen, Kriege erklären, Waffenstillstandsverhandlungen führen, Menschen zu Gefängnisstrafen verurteilen und wieder begnadigen, religiöse Fatwas aussprechen, Massen aufheizen, Menschen zur Gewalt anstacheln, anschließend versuchen, sie wieder zur Räson zu rufen, manchmal mit Erfolg, manchmal ohne. Eines steht fest: Sprache kann handeln.

Zweischneidig Vor allem orale Kulturen – Gesellschaften also, in denen Botschaften nicht in Schriftform, sondern bevorzugt von Mund zu Ohr weitergegeben werden – kennen einen solchen Glauben an die Performativkraft des gesprochenen Wortes. Vermutlich rührt er daher, dass bei einem mündlichen Sprechakt Sender und Empfänger beide zugleich präsent sind, die Äußerungen der Zunge also durch eine gesamtkörperliche Drohkulisse begleitet und gegebenenfalls auch bekräftigt werden.

»Die Vorstellung, daß Sprechen verwundet, scheint (…) auf der ebenso unlösbaren wie inkongruenten Beziehung zwischen Körper und Sprechen und damit auch zwischen dem Sprechen und seinen Effekten zu beruhen«, schreibt die Philosophin Judith Butler in ihrer wegweisenden Schrift über verletzende Rede *Haß spricht: Zur Politik der Performativen.* Anders gesagt: Wer *Hate Speech* benutzt, bedroht damit nicht nur sein Gegenüber, sondern setzt notgedrungen auch den eigenen Körper aufs Spiel. Und: Die Verbindung zwischen seiner leiblichen Präsenz und seinen sprachlichen Äußerungen ist inkongruent, das heißt, die Folgen seiner Sprechhandlung sind unabsehbar. Die verletzenden Worte können auf ihren Urheber zurückfallen.

Gerade im Hip-Hop gehen die eigentlich streng stilisierten

mündlichen Beleidigungsorgien, die sogenannten Disses oder Battle-Tracks, bisweilen mit konkreten physischen Auseinandersetzungen einher – das berühmteste Beispiel dürften die Streitigkeiten zwischen Ost- und Westküsten-Rappern Mitte der Neunzigerjahre sein, dem so prominente Vertreter des Genres wie Tupac Shakur und Notorious B. I. G. zum Opfer fielen.

In einer postum erschienenen Kollaboration mit dem Letztgenannten weist der Rapper Bizzy Bone entsprechend auf die Gefahren hin, die aus der schwer kontrollierbaren Performativkraft der Zunge erwachsen können:

> When it's survival, tongue is a double-edged sword,
> Triple-six rivals spittin' fire,
> This the real truth, bitch, breakin' out for lies,
> My Messiah's better – be ready for Armageddon,
>   shit's expired,

rappt Bizzy Bone in seinem markanten, nöligen Maschinengewehr-Stil. Der Rapper aus Cleveland, der seine Tracks einmal mit den Korintherbriefen des Apostels Paulus verglich, hat das Neue Testament offenbar gründlich gelesen: Er nimmt nicht nur explizit Bezug auf die apokalyptische Schlacht von Armageddon und die berüchtigte Zahl des Antichrist (»Wer Verstand hat, der überlege die Zahl des Tieres; denn es ist die Zahl eines Menschen, und seine Zahl ist sechshundertundsechsundsechzig«), sondern auch auf das Bild des oralwaffenbewehrten Messias. Seine Gegner mögen Feuer speien und mit der *triple-six* im Bunde stehen – er, prahlt Bizzy Bone, habe anstatt einer Zunge ein zweischneidiges Schwert im Mund.

Aber, das legt der Doppelsinn des Adjektivs *double-edged* nahe: Wenn es ums Überleben geht, ist eine solche Zunge eine zweischneidige Sache. Man kann sie schwingen wie ein tödliches Schwert – andererseits kann sie ihren Inhaber, wenn dieser die Zunge allzu leichtfertig handhabt, auch in die missliche Lage bringen, tatsächlich zur Waffe greifen zu müssen. Diese befindet sich dann allerdings nicht mehr im Mund, sondern am Gürtel oder im Pistolenhalfter. *The tongue is a double-edged sword*: eine wahrhaft dialektische Sicht auf die martialisch-bedrohliche Schwertzunge.

Hass spricht Judith Butlers erwähnte Studie zur Politik des Performativen stammt aus dem Jahr 1997, das kommerzielle Internet befand sich damals noch im Embryonalstadium, Plattformen wie Facebook und Twitter oder gar anonyme Imageboards wie 4chan waren noch nicht einmal als Schatten am Ereignishorizont erahnbar. Mittlerweile haben Fälle von Hassrede gerade auf (und vermutlich: aufgrund von) solchen digitalen Foren exponentiell zugenommen. Der Begriff *Hate Speech*, der noch vor wenigen Jahren vor allem Sprechakttheoretikerinnen geläufig gewesen sein dürfte, ist mittlerweile allgegenwärtig.

Seit 2016 kämpfen Organisationen wie die vom Bundesfamilienministerium geförderte Kampagne *No Hate Speech* gegen das Phänomen. 2017 trat, als Reaktion auf Hasskriminalität im Internet, das sogenannte Netzwerkdurchsetzungsgesetz in Kraft. 2021 wurde in Deutschland ein »Gesetz zur Bekämpfung des Rechtsextremismus und der Hasskriminalität« verabschiedet, das nach dem Willen des Bundestags der zunehmenden kommunikativen Verrohung nicht nur, aber besonders in den sozialen Medien entgegentreten soll. 2022 schließlich widmete die Schriftstellerin Julia von Lucadou dem Themenkomplex der digitalen Hate Speech einen ganzen Roman: In *Tick Tack*

mutiert eine frustrierte Fünfzehnjährige unter den Einflüste-
rungen eines Influencers zu einer rhetorisch hochgerüsteten
Hasspredigerin, einem Anti-Messias. Tatsächlich dürfte die
Zungenmetaphorik, mit der die Protagonistin beschrieben
wird, unmittelbar der Johannes-Offenbarung entlehnt sein:

> sie ballert Wörter wie Projektile
> >bam, bam, bam, bam
> >gleich steht ihre Zunge in Flammen, whoah, sage ich,
>   whoah, at ease, Soldatin! (…)
> >mein Rhetorikunterricht zeigt Wirkung, Sprache ist
>   eine Waffe, du musst sie beherrschen wie ein
>   Sturmgewehr

Vermutlich ist es gerade das Moment der räumlichen Distanz,
das die verbale Drastik und Gewalt auf solchen digitalen Foren
begünstigt – müsste man seine hasserfüllten Postings und
Kommentare dem jeweiligen Adressaten oder der Adressatin
ins Gesicht sagen und ein physisches Feedback befürchten,
würde man sich wohl so manche Formulierung verkneifen.

Um es in den Butler'schen Begriffen zu formulieren: Die
einstmals unlösbar scheinende Beziehung zwischen dem *Körper*, dem *Sprechen* und dessen *Effekten* ist entkoppelt. Der Sender spricht oder tippt seine Hassrede ins Smartphone – er
schickt sie ins entkörperlichte Medium des Internets – und
kann dann aus sicherer Entfernung abwarten, welche verletzenden Effekte der Sprechakt nach sich zieht. Das Schwert der
mündlichen Rede wird gewissermaßen als Distanzwaffe einge-
setzt; das Organ teilt aus, muss aber selbst nicht einstecken.

Florett, Schwert etc. Wollte man die Formen verletzender Rede, welche die Zunge – und in ihrem Gefolge der übers Display des digitalen Endgerätes leckende Finger – auszuführen vermag, kategorisieren, so könnte man sich an den unterschiedlichen Arten von Klingenwaffen orientieren, deren Eigenschaften sie im jeweiligen Sprechakt annimmt. Gerade wenn es um verbale Gemeinheiten geht, wird das Gesagte nämlich gern auf die körperlichen Eigenheiten des daran beteiligten Organs zurückgeführt: Die Funktion folgt der Form.

Am unteren, vergleichsweise harmlosen Ende einer solchen Skala stünde das *Florett*, also die leichte, in sportlichen Auseinandersetzungen verwendete Stichwaffe: Ihr entspräche, auf das Mundwerk bezogen, die *spitze Zunge* des Satirikers oder Kabarettisten, der *Sticheleien* austeilt oder (Achtung, Phrasenalarm) Gegenwartsphänomene *ironisch aufspießt*. Wer so spricht oder schreibt, der will seine Widersacher in der Regel nicht ernsthaft verletzen, sondern sie allenfalls ein wenig *anpiksen* (von Französisch *piquer*, ›stechen‹) beziehungsweise, vor allem wenn sie aufgeblasene Fatzkes sind, ihnen *die Luft rauslassen*. Nicht von ungefähr trägt die satirische Tageskolumne der *taz* den Titel »Touché«, die Bezeichnung für einen Treffer beim Fechten. Und der mit Abstand beliebteste Glossen-Name in deutschen Tageszeitungen dürfte »Aufgespießt« lauten: Vom *Elbe-Weser-Kurier* über die *Esslinger Zeitung* und die *Mainpost* bis zur *Magdeburger Volksstimme* nennen ungezählte Regionalblätter so die Rubrik, in der Redakteurinnen und Redakteure ihre Seitenhiebe austeilen. Dass der Begriff *Glosse* vom griechischen Wort für ›Zunge‹ kommt, versteht sich in diesem Zusammenhang fast von selbst.

Weiter oben auf der verbalen Gewaltskala stünde, zweitens, das bereits ausführlich besprochene *Schwert*: Dass von einem derart geformten Oralorgan eine besondere Gefahr ausgeht, davon zeugen nicht zuletzt Sprichwörter wie *Böse Zungen schneiden schärfer als Schwerter* oder *Für böse Zungen hilft kein Harnisch.* Das Schwert eignet sich nicht nur, wie das rhetorische Florett, zum pointierten Stechen, sondern auch zum Hauen. Mit seiner massiven, beidseitig geschliffenen Klinge dient es als Vorbild für *scharfzüngige* Sprechakte, die gegebenenfalls noch akustisch verstärkt, nämlich *mit schneidender Stimme* ausgeführt werden können. Wer in solcher Tonlage spricht, der hat keinen Pfeffer und erst recht keine Kreide gefressen, sondern will seinem Opfer einen ernsthaften Schlag versetzen. Gelingt dieser aggressive Sprechakt, so geht das Gesagte dem anderen *unter die Haut*; im schlimmsten Fall bleiben sogar seelische Narben zurück.

Das äußerste Ende der verbalen Blankwaffenskala markiert aber ein besonders perfides Instrument: eine Stichwaffe, die zugleich ihre Entsprechung im Mund findet. Es handelt sich um den gezackten Spieß des christlichen Teufels sowie um dessen orales Pendant, die *gespaltene Zunge.*

Teufelszeug Dass der christliche Widersacher sowohl über eine mehrspitzige Waffe als auch über eine zweizipflige Zunge verfügt, ist kein Zufall: Zum einen wiederholt und betont der sichtbar in der Hand getragene Mehrzack die Form des verborgenen Sprachorgans – zum anderen haben die beiden Werkzeuge aber auch eine durchaus vergleichbare Funktion. Schließlich geht es beim Gebrauch eines Zwei- oder Dreizacks nicht primär darum, den damit Gejagten zu verletzen oder zu töten, sondern vor allem darum, sich seiner *zu bemächtigen.* Am deutlichsten ist dies vermutlich an der Tatsache ersichtlich, dass die Zinken dieser Waffe mit Widerhaken versehen sind: Man rammt sie in den Körper des Opfers, zieht es an sich heran und lässt es zappeln. Anders gesagt: Der Teufel will die Menschen beziehungsweise ihre Seelen nicht verletzen – er will sie schlicht und ergreifend haben, sei es mit Worten oder Waffengewalt.

Darüber hinaus gibt es noch einen weiteren gewichtigen Grund, warum der Böse Versucher über eine Zackenzunge verfügt: Das gespaltene Organ verbindet ihn symbolisch mit der Schlange des Alten Testaments, die Adam und Eva den Sündenfall eingebrockt hat. »Und ich will Feindschaft setzen zwischen dir und dem Weibe und zwischen deinem Samen und ihrem Samen«, heißt es im Buch Genesis: »Derselbe soll dir den Kopf zertreten, und du wirst ihn in die Ferse stechen.« Eigentlich dient die gespaltene Zunge der Schlange, wie bereits erwähnt, zur räumlichen Orientierung. In der jüdisch-christlich geprägten Wahrnehmung markiert die Bifurkation aber vor allem eine verschlagene, eben *doppelzüngige* Rede. Der waffenhafte Charakter resultiert bei dieser Art von Sprechakt nicht etwa daraus, dass der Sender besonders laut oder drastisch oder beleidigend spricht, dass er den Adressaten mit Schimpfwörtern belegt, dass er ihn abwertet oder gar zu Gewalt gegen ihn aufruft – sondern schlicht und ergreifend daraus, dass er die Unwahrheit sagt, dass er falsche Versprechungen macht, kurz: dass er eine Sache sagt und eine andere, verschwiegene, meint.

Die Folgen einer solchen doppelzüngigen Rede sind kaum weniger fatal als die einer offen aggressiven Attacke. »Falsche Zungen stechen«, wie es die eingangs zitierte Arie aus Bachs *Matthäus-Passion* formuliert: Sie bohren sich in die Seele und bleiben dort mit schmerzhaften Widerhaken haften – da hilft nur die Tugend der Geduld. Für den Philosophen Immanuel Kant stellte das Verbot des falschen Versprechens gar eine »vollkommene moralische Pflicht« gegenüber anderen Menschen dar: Wer eine verbindliche Zusage macht, aber insgeheim bereits plant, sie nicht einzuhalten, der unterhöhlt das Vertrauen in jegliche sozialen Vereinbarungen und damit das gesellschaftliche Miteinander. In gewisser Weise attackiert, wer mit falscher Zunge spricht, das gesamte Konzept der Sprache als sozialem Kommunikationssystem.

Etliche Redensarten und Wendungen zeugen von dem Misstrauen, das der Schlangenzunge entgegengebracht wird – vor allem, wenn sie sich im Mund eines Menschen befindet. In den Romanen der *Harry Potter*-Reihe etwa gilt die Fähigkeit, mit Kriechtieren sprechen zu können (der englische Fachbegriff hierfür lautet *Parseltongue*), als beinahe untrügliches Anzeichen dafür, dass man auf der finsteren Seite der Macht steht. Schon der böse Zauberer Salazar Slytherin, Begründer des gleichnamigen Hauses im Hogwarts-Internat, trug den Beinamen ›Schlangenzunge‹. Und als der junge Titelheld im zweiten Band der Reihe, *Harry Potter und die Kammer des Schreckens*, mit einem Mal Parsel zu sprechen beginnt, wird er von seinen Mitschülern umgehend verdächtigt, der legendenumwobene »Erbe Slytherins« und damit ein Anhänger des dunklen Lord Voldemort zu sein.

Im deutschsprachigen Raum dürften besonders den nordamerikanischen Ureinwohnern zugeschriebene Wendungen à la *Das Bleichgesicht redet mit gespaltener Zunge* geläufig sein. Im Roman *Der Ölprinz* von Karl May beispielsweise versucht ein *weißer* Gefangener der Nijora, sich mit haltlosen Versprechungen aus seiner misslichen Lage zu befreien. Der Häuptling des Stammes bescheidet ihm daraufhin bündig: »Mein Bruder spricht mit der Zunge der Schlange.«

Aber auch in aktuellen politischen Diskursen lebt die Formulierung fort: Nachdem Russland am Morgen des 24. Februar 2022 die Ukraine überfallen hatte, attestierte der französische Präsident Emmanuel Macron seinem russischen Amtskollegen, mit dem er kurz zuvor noch über das Minsker Abkommen verhandelt hatte: »Ja, es gab Doppelzüngigkeit (...) Präsident Putins, den Krieg vorzubereiten, als wir noch über den Frieden verhandelten.« Im französischen Original, muss man ergänzen, fehlt der Bezug auf die Zungenform: Macron sprach lediglich von *duplicité*, was man auch als ›Falschheit‹ wiedergeben könnte – aber der semantische Mehrwert, der durch die deutsche Übersetzung entsteht, ist bezeichnend. Der Ausdruck *Doppelzüngigkeit* verbindet den derart Charakterisierten auf subtile Weise mit dem Teufel. Zugleich macht die Verwendung dieses Begriffs die Verschlagenheit zu einem dauerhaften Wesensmerkmal des damit bezeichneten Sprechers: Wer eine doppelte oder gespaltene Zunge hat, der sagt eben nicht nur gelegentlich die Unwahrheit – nein, der kann gar nicht anders. Schließlich handelt es sich bei der Form seines Organs um eine permanente körperliche Eigenschaft, die sich allenfalls operativ verändern ließe.

Einmal Schlange, immer Schlange: Die Falschheit ist gewissermaßen im Körper, im Sprachorgan, manifestiert. Will man sie loswerden – will man den betreffenden Menschen also tatsächlich und grundlegend charakterlich verändern –, dann hilft nur eines: Dann muss man das verantwortliche Organ entfernen. Dann muss man die Zunge abschneiden.

abschneiden

… ich soll mir den Kiefer entfernen und die Zunge
herausschneiden lassen, um eine Überlebenschance
von eins zu vier zu haben?

Michel Houellebecq, *Vernichten*

Als er wieder zu sich kommt, findet sich der Kommissar auf der
obersten Stufe einer wackligen Trittleiter wieder. Seine Füße
sind mit dem Gleichgewichthalten beschäftigt, seine Hände auf
dem Rücken gefesselt – vor allem aber ist seine Zunge ihrer Be-
wegungsfreiheit beraubt: Sie ist zwischen zwei massive, quer-
liegende Metallstreben eingeklemmt, eine Apparatur wie ein
mittelalterliches Folterinstrument, sie hängt an einer Kette von
der gemauerten Decke. Offensichtlich handelt es sich um einen
U-Bahn-Schacht, nur schemenhaft beleuchtet, ein paar Meter
vor den Füßen des Mannes liegt ein flackernder Röhrenbild-
schirm auf den Schienen: Auf ihm ist der maskierte Unhold zu
sehen, der den Kommissar in diese missliche Lage gebracht hat.
In zwei Minuten komme der nächste Zug, lässt er sein Opfer
wissen. Wenn der Kommissar überleben wolle, dann müsse er
sich die Zunge herausreißen, jenes Organ, mit dem er so oft vor
Gericht gelogen und damit unschuldige Menschen ins Gefängnis gebracht habe. Wenn er jedoch, im wahrsten Sinn des Wortes, an seiner Zunge hänge …

Leider ist der Kommissar für den geforderten »Sprung in
den Glauben« zu feige, oder aber die Einsicht, dass es vorteil-
hafter sein könnte, ohne Zunge zu leben, als überhaupt nicht,

erreicht ihn zu spät. Als er nach verzweifeltem Hadern endlich zum Sprung ansetzt, ist der Zug jedenfalls nur noch wenige Meter entfernt. Sein Zustand der Zungenlosigkeit währt allenfalls Sekundenbruchteile – dann wird der Kommissar von der heranrasenden U-Bahn zermalmt.

In der hier skizzierten Eröffnungsszene des Horror-Splatter-Thrillers *Saw: Spiral* aus dem Jahr 2021 kommt allerhand zusammen. Erstens ein tragisches Dilemma, wie es Hollywood-Drehbuchautoren zu lieben scheinen: die aufgezwungene Entscheidung zwischen zwei Optionen, von denen die eine nur unwesentlich weniger grauenhaft ist als die andere. Zweitens ein ebenfalls in Hollywood anzusiedelndes Faible für das Konzept der Spiegelstrafe, dem zufolge ebenjener Körperteil, mit dem eine Sünde begangen wurde, entfernt werden muss (es war David Finchers *Seven,* der dieses altertümliche Rechtsprinzip in den popkulturellen Mainstream einführte). Sowie drittens eine Vorliebe für eine Verstümmelungsform, die außerhalb von Film und Literatur zum Glück kaum anzutreffen ist, innerhalb solcher Fiktionen dafür aber umso öfter: das gewaltsame Entfernen der Zunge.

Kolumbianische Krawatten In dem Fantasyfilm *Phantastische Tierwesen: Grindelwalds Verbrechen* aus dem Jahr 2018 beispielsweise wird (für einen Jugendfilm mit Altersfreigabe FSK 12 eher erstaunlich) leichthin erwähnt, dass man dem bösen Magier Gellert Grindelwald seine »silberne Zunge« habe herausschneiden müssen, um ihn vom Aussprechen weiterer Zaubersprüche abzuhalten: »He's very persuasive. So we removed his tongue.« Grindelwald ist eine Art magischer Über-Diktator, der die Weltherrschaft anstrebt, eine menschenverachtende Rassenlehre vertritt, Konzentrationslager für seine politischen Gegner errichten lässt und mutmaßlich aus Österreich stammt. Die unausgesprochene Implikation ist natürlich, dass das Hauptverführungswerkzeug charismatischer Verbrecherpersönlichkeiten ihre böse Zunge ist: Wäre Adolf Hitler das entsprechende Organ rechtzeitig entfernt worden, hätte er niemals die Massen rhetorisch aufpeitschen und hinter seiner Ideologie versammeln können.

Ebenfalls um verbrecherische Staatsoberhäupter geht es in der *Tatort*-Folge *Tyrannenmord* aus dem Jahr 2022: Hier wird der Sohn eines südamerikanischen Diktators ermordet aufgefunden, dessen Leichnam nach der Tat zusätzlich die Zunge herausgeschnitten wurde. Eine archaische Strafmaßnahme, könnte man meinen: Wahrscheinlich hat der Diktatorensprössling Staatsgeheimnisse ausgeplaudert, klar, er kommt aus Lateinamerika, da regelt man das halt so, barbarische Rituale, bananenrepublikanische Verhältnisse – oder? Nein: Wie sich herausstellt, war der biodeutsche Internatslehrer der Täter, er hatte sich mit dem Opfer gestritten und geprügelt, wurde von ihm im Todeskampf gebissen, mit dem Entfernen der Zunge wollte er allfällige DNA-Spuren verwischen. Die zugrunde liegende Psycho-Logik ist selbst für deutsche Drehbuchstangenware erschütternd unplausibel – interessant ist an *Tyrannenmord* vor allem der lateinamerikanische Nexus: Wenn Menschen auf derartige Weise brutal verstümmelt werden, steckt in europäischen und amerikanischen Filmen fast immer ein spanischsprachiges Kartell dahinter.

So auch in den vielgelobten, in der Unter- und Halbwelt von New Mexico angesiedelten TV-Serien *Breaking Bad* und *Better Call Saul*. In beiden wird wiederholt, und zwar stets von mexikanischstämmigen Figuren, begeistert von der sogenannten *kolumbianischen Krawatte* gesprochen. Hierbei handelt es sich um eine besonders grausame Hinrichtungsmethode, die während des Bürgerkriegs in Kolumbien in den 1940er und 50er Jahren entstanden sein soll. Zum Anlegen einer *corbata colombiana* wird dem Opfer zunächst horizontal die Kehle durchgeschnitten; daraufhin wird die Zunge durch die so entstandene Öffnung gezogen, sodass sie wie eine Krawatte am Hals nach unten hängt.

Angeblich wurde und wird die *corbata colombiana* auch von Mitgliedern des Medellín-Kartells zur Hinrichtung und Einschüchterung anderer Drogendealer verwendet – aber es gibt keine Hinweise darauf, dass diese Methode je auf US-amerikanischem Boden (geschweige denn in der Bundesrepublik) praktiziert wurde. Hier existiert sie lediglich als Motiv in Gangsterfilmen und Krimis, als Name einer Hardcore-Band oder als ominöse Anspielung in Rap-Songs:

> Talking reckless, but it's just my
> Strongest suit, but you can get my
> Colombian necktie, prostitute

heißt es in Eminems Track »Chloraseptic« aus dem Jahr 2017.

Es handelt sich bei der kolumbianischen Krawatte also, ähnlich wie beim Zungeabschneiden oder -herausreißen, um ein Vergehen, das sich, zumindest in westlichen Industrienationen, beinahe ausschließlich in der Imagination abspielt (eine entsprechende Anfrage an das BKA liefert keine Ergebnisse, lediglich den Hinweis, dass dort »keine strukturierte Erfassung von verletzten Körperteilen« stattfinde). Der Ethnologe Claude Lévi-Strauss würde vermutlich sagen, es handele sich bei der Zungenmutilation um ein *Mythem*: um ein wiederkehrendes narratives Element, das sich längst von der ihm zugrunde liegenden Realität gelöst hat.

Kleiner Schnitt, große Wirkung: Der Anblick, ja, allein die Beschreibung einer abgeschnittenen Zunge vermag bei Zuschauern, Zuhörerinnen und Lesern einen geradezu synästhetischen Schmerz auszulösen, mutmaßlich mehr als die abertausendste Darstellung eines Ermordeten – ein weiteres Indiz für die Bedeutung und besondere Empfindsamkeit der Zunge. Und: Ähnlich dem Schnitt mit der Rasierklinge, der in Luis Buñuels surrealistischem Meisterwerk *Ein andalusischer Hund* durch das Auge vollzogen wird, attackiert die *corbata colombiana* ein Organ, das für den Tonfilm konstitutiv ist. *Cut!* Wem eine kolumbianische Krawatte angelegt wurde, der kann keine Dialoge mehr führen. Ist das Auge auf- und die Zunge abgeschnitten, gibt es kein Schauen und kein Sprechen mehr.

#MeToo in der Antike Tatsächlich ist das Abschneiden der Zunge nicht bloß ein Mythem, sondern sogar der zentrale *plot point* eines ganzen Mythos: jener Erzählung, die als Urbild all solcher Splatter- und Gewaltphantasien gelten darf. Die Geschichte ist allerdings grausamer als die meisten Hollywood-Adaptionen: Es handelt sich um den Mythos von Prokne und Philomela.

Die beiden jungen Frauen, so erzählt es der römische Dichter Ovid in den *Metamorphosen*, sind Schwestern, sie kommen ursprünglich aus dem weltläufigen Athen, finden sich aber allein in der Fremde wieder: Prokne ist von ihrem Vater mit dem Thrakerkönig Tereus zwangsverheiratet worden – Philomela reist ihr einige Jahre später hinterher, weil sie die Schwester, mittlerweile Mutter eines Knaben, so vermisst. Tereus allerdings, das scheinen weder die Schwestern noch der Vater zu ahnen, ist ein wahres Scheusal, ein *sexual predator*, ein Harvey

Weinstein der Antike. Er verschleppt Philomela gleich nach ihrer Ankunft in eine Hütte im Wald, vergewaltigt sie und schneidet ihr anschließend, teils aus Jähzorn, teils aus Angst, dass sie ihn verraten könnte, die Zunge heraus.

> Aber indem unwillig des Vaters Namen sie ausruft,
> Ringt, und zu reden sich müht, mit der Zang' ihr faßt er, und schneidet
> Weg mit dem Stahle die Zung'; es zuckt inwendig die Wurzel;
> Zitternd liegt sie, und lallt im dunkelen Staube, die Zunge;
> Und wie getrennt aufhüpfet der Schwanz der verstümmelten Natter,
> Zappelt sie, als ob sterbend der Eignerin Spuren sie suche.

Philomela ist durch diese Verstümmelung im wahrsten Sinne des Wortes *mundtot* gemacht, während ihr Schwager Tereus fortan *mit gespaltener Zunge* spricht. Er lässt sein Vergewaltigungsopfer im Wald zurück, kehrt heim zu Prokne und erzählt, dass ihre Schwester gestorben sei. Allerdings hat er die Rechnung ohne die Kunstfertigkeit Philomelas gemacht, die sich auch ohne Zunge auszudrücken weiß: Sie webt ihre Leidensgeschichte mit blutroter Schrift in ein Gewand und schickt es an ihre Schwester. Die Rache der Frauen ist fürchterlich: Prokne ermordet ihren Sohn, bereitet einen Braten aus dem Kadaver zu, setzt ihn dem Gatten zum Festmahl vor – und als dieser sich erkundigt, warum denn der Sohn nicht zum Abendessen erscheine, tritt die vergewaltigte, verstümmelte, blutverschmierte Philomela in den Saal und wirft Tereus den abgetrennten Schädel ins Gesicht – »und niemals hätte sie lieber / Reden gemocht, und die Freude durch würdige Worte bezeugen«.

Der Mythos von Prokne und Philomela wurde immer wieder, zumal im Theater, rezipiert und weiterverarbeitet: Shakespeare adaptierte ihn für die Rachetragödie *Titus Andronicus*, Friedrich Dürrenmatt für seine Komödie gleichen Namens, Heiner Müller für *Anatomie Titus Fall of Rome* und Botho Strauß für das Theaterstück *Schändung*; auch die erwähnte Szene aus *Babylon Berlin*, in der einem arglosen Restaurantgast die Zunge seines ermordeten Bruders vorgesetzt wird, dürfte mindestens mittelbar von Ovid inspiriert sein. Nicht zuletzt wurde der Mythos Ende der 1980er Jahre von der Dramatikerin Timberlake Wertenbaker einem feministischen Rewriting unterzogen: Ihr Stück *The Love of the Nightingale* hält sich vom Plot her eng an die antike Vorlage, erzählt sie aber aus der Perspektive der verschleppten, vergewaltigten, betrogenen Frauen.

Tatsächlich lässt sich die Geschichte von Prokne und Philomela als eine #MeToo-Erzählung *avant la lettre* lesen: Sie handelt von Frauen, die sich innerhalb eines patriarchalen, von sexualisierter Gewalt geprägten und durch massive Abhängigkeitsverhältnisse und Schweigekartelle geschützten Systems bewegen. Frauen, die sich nicht mehr mit dieser Situation abfinden wollen. Und die sich daher gegen den vermeintlich allmächtigen Phallokraten im Herzen des Lügen- und Machtgespinstes zur Wehr setzen: Dieser verliert in der Folge sein gesamtes, über viele Jahre gehätscheltes Lebenswerk. Es ist in diesem Zusammenhang bezeichnend, dass die Schwestern als Datum ihrer Rache den Festtag der Bacchantinnen wählen, die auch ›Lärmende‹ oder ›Ruferinnen‹ genannt wurden: Auch bei #MeToo ging es bekanntlich zunächst einmal darum, das vorherrschende Schweigen zu durchbrechen und lautstark auf Unrechtsstrukturen aufmerksam zu machen.

Auch das Ende des antiken Mythos von Prokne und Philomela erscheint vor diesem Hintergrund in anderem Licht: Die beiden Frauen werden auf der Flucht vor dem rasenden Tereus in zwei Vögel verwandelt, Prokne in eine Schwalbe, Philomela in eine Nachtigall. Und was ist das Logo von Twitter, jenem Microblogging-Dienst, der #MeToo erst möglich machte? Richtig: ein befreit auffliegender, die eigene Wahrheit in die Welt hinauszwitschernder Vogel.

Den Schnabel halten Die Geschichte von Prokne und Philomela illustriert die wohl offensichtlichste Bedeutung des Zungeabschneidens: Es geht darum, einen anderen Menschen der Sprache zu berauben, ihn auf so brutale wie nachhaltige Weise davon abzuhalten, seine Geschichte zu erzählen. Die Opfer dieser Verstümmelungsform waren und sind daher meist marginalisierte Gruppen beziehungsweise unterdrückte Teile der Gesellschaft: Frauen wie die mythische Philomela oder die Shakespeare'sche Lavinia, oder religiöse Minderheiten, beispielsweise die frühen Christen in der Antike. Märtyrern wie der heiligen Christina von Bolsena oder dem heiligen Romanus von Caesarea wurde, weil sie ihrem Glauben nicht abschwören mochten, die Zunge herausgerissen – später, als die römisch-katholische Kirche zum Mainstream geworden war, verfuhr sie mit vermeintlichen Gotteslästerern genauso.

Nicht zuletzt war das gewaltsame Entfernen des Sprechorgans aber auch eine drakonische Folter- und Vergeltungsmaßnahme gegen jene Menschen, die seit Beginn der Neuzeit aus Afrika in die Sklaverei verschleppt wurden. Die Tatsache, dass South Carolina das »absichtliche Herausschneiden der Zunge« im Jahr 1740 mit einer Geldstrafe belegte, darf man als Hinweis darauf verstehen, dass diese Form der Misshandlung im sklavenhaltenden Teil Nordamerikas gang und gäbe war.

Das Entfernen der Zunge, so viel lässt sich als vorläufiges Resümee festhalten, ist gleichermaßen konkret und abstrakt, körperlich und metaphorisch, eine *physische* Verletzung, die zugleich auf das *symbolische* Vermögen des Opfers, seine Sprachfähigkeit und Kultur abzielt. Hinzu kommt, dass es sich um eine ausgesprochen asymmetrische Geste handelt: Sie schafft nicht nur extreme Ungleichheit (der eine hat eine Zunge, die andere nicht mehr), sondern setzt sie bereits voraus. Anders gesagt: Einem anderen Menschen die Zunge herauszureißen, ist nicht der verzweifelte Befreiungsschlag eines Unterdrückten, ist nicht die typische Tat eines Knechts, sondern die eines Vertreters der Macht. Die Geste zementiert und radikalisiert in der Regel also bereits bestehende Hierarchien – und ist in dieser Hinsicht, bei aller grausamen Archaik, hochmodern.

Das Zungeabschneiden lebt, als Drohung und womöglich auch vollzogene Untat, bis heute fort. So forderte der türkische Präsident Recep Tayyip Erdoğan im Januar 2022 bei einer Ansprache, man solle die legendäre türkische Pop-Sängerin Sezen Aksu auf diese Weise verstümmeln, da sie mit ihrem Lied »Şahane Bir Şey Yaşamak«, in dem der Stammvater der Menschheit kritisch erwähnt wird, religiöse Gefühle verletzt habe: »Niemand darf unseren Propheten Adam beleidigen. Tut das doch jemand, ist es unsere Pflicht, ihm gegebenenfalls die Zunge herauszureißen.« Als Frau, als LGBTQ*-Ikone sowie als Kritikerin eines fundamentalistischen Islam verkörpert die Sängerin freilich gleich mehrere dem Präsidenten verhasste gesellschaftliche Gruppen auf einmal.

Wenige Monate später, im April desselben Jahres, kurz nach der Befreiung der nordukrainischen Stadt Butscha von den russischen Besatzungstruppen, beschuldigte der ukrainische Präsident Wolodymyr Selenskyj vor der UN-Vollversammlung die abziehenden Soldaten, sie hätten Bewohnerinnen und Bewohnern, neben etlichen anderen Grausamkeiten, auch die Zungen herausgerissen – das Ziel: Sie wollten die unterworfenen Ukrainer dadurch zu »stummen Sklaven« machen. Der Hass des russischen Präsidenten Wladimir Putin auf die ukrainische Kultur und Sprache ist bekannt – hier fand er, sollten die Anschuldigungen denn stimmen, seine denkbar brutale Konkretisierung, ja, Verfleischlichung.

Friend or Foe? Vor allem in der postkolonialen Literatur und Theoriebildung fungiert die gewaltsam herausgerissene Zunge (oder besser: der zungenlose Mund) immer wieder als Chiffre für die Sprach- und Machtlosigkeit des versklavten Subjekts. Ein Beispiel hierfür liefert der Roman *Foe* des südafrikanischen Literaturnobelpreisträgers J. M. Coetzee – auf Deutsch trägt er den etwas sperrigen Titel *Mr. Cruso, Mrs. Barton und Mr. Foe.*

Auch dieser Roman ist ein Rewriting: Er erzählt eine der wichtigsten Kolonialerzählungen der Neuzeit, nämlich die Geschichte von Robinson Crusoe, aus in mehrfacher Hinsicht alternativer Perspektive. Erstens aus der Sichtweise einer Frau, *Mrs. Barton*, die auf derselben Insel wie Robinson gestrandet ist und über weite Strecken als Ich-Erzählerin fungiert. Sowie zweitens unter besonderer Berücksichtigung des Ex-Kannibalen Freitag, den Robinson, bei Coetzee wie auch schon in der Vorlage von Daniel Defoe, als persönlichen Sklaven hält.

In Coetzees Version der Geschichte erscheint der Schiffbrüchige *Mr. Cruso* nicht als der virile, gewissenhafte Protokapitalist, als den Defoe ihn gezeichnet hat, sondern als zynischer, gebrochener alter Mann, der weder Lust noch die Kraft hat, nach England zurückzukehren, der andauernd von Mrs. Barton gepflegt werden muss und zudem nicht besonders kommuni-

kativ ist. Vor allem aber: Anders als bei Defoe bringt Robinson
›seinem‹ Sklaven Freitag nicht die englische Sprache bei – wie
könnte er auch? Freitag hat in Coetzees postkolonialer Version
des Stoffs überhaupt keine Zunge; und der Roman legt nahe,
dass Mr. Cruso der Urheber dieser Verstümmelung ist, auch
wenn er alle Verantwortung abstreitet. »›Ich machte ein erstaun-
tes Gesicht«, so die Erzählerin Mrs. Barton.

»Wer hat ihm die Zunge herausgeschnitten?«
›»Die Sklavenhändler …«
›»Die Sklavenhändler haben ihm die Zunge herausgeschnitten und ihn in die Sklaverei verkauft? (…) Warum
sollten sie einem Kind die Zunge herausgeschnitten
haben?«
›Cruso hielt meinem Blick stand. Ich kann es nicht
beschwören, aber ich glaube, er lächelte. »Vielleicht halten
die Sklavenjäger, die Mauren sind, die Zunge für einen
Leckerbissen (…). Vielleicht wollten sie verhindern, daß
er jemals seine Geschichte erzählt: wer er ist, wo er zu
Hause war, wie es dazu kam, daß er gefangen wurde. Vielleicht haben sie jedem Menschenfresser, den sie gefangen
haben, die Zunge herausgeschnitten, als Strafe. Wie können wir je wissen, was die Wahrheit ist?«

Im Folgenden streiten sich die Figuren denn auch immer wieder über die adäquate Repräsentation der »Wahrheit«: Mrs. Barton möchte eigentlich ihre Geschichte erzählen, fühlt sich aber
literarisch nicht in der Lage dazu. Der Erfolgsschriftsteller
Mr. Foe, an den sie sich nach ihrer Rettung und Rückkehr nach
England wendet, beginnt stattdessen von Mr. Crusos Abenteu-
ern zu fabulieren. Und der Indigene Freitag bleibt notgedrungen stumm, seine Version der Ereignisse bildet eine Leerstelle

im Narrativ – so wie die Geschichte der Sklaverei insgesamt mangels überlieferter Quellen über weite Strecken unerzählt und unerzählbar ist. »Aber die einzige Zunge, die Freitags Geheimnis erzählen kann, ist die Zunge, die er verloren hat!«, bringt Mrs. Barton dieses tragische Dilemma auf den Punkt.

Can the Subaltern Speak?, lautet eine Schlüsselfrage der postkolonialen Theoriebildung, sie stammt von der indischen Theoretikerin Gayatri Chakravorty Spivak: Kann das koloniale Subjekt sprechen? Die Antwort, die der Roman von J. M. Coetzee nahelegt, lautet: Nein, es hat noch nicht einmal eine Zunge. Immerhin, das ist der schwache Hoffnungsschimmer, der gegen Ende des Buchs aufleuchtet, verfügt Freitag noch über einen beredten Körper, über die Gabe der Gestik sowie nicht zuletzt über zwei Hände: Am Ende des Romans bringt Mrs. Barton ihm das Schreiben bei.

Der gerettete Phallus Als Mrs. Barton zum ersten Mal von Freitags Verstümmelung erfährt, fragt sie sich umgehend, ob Mr. Cruso nicht aus Rücksicht auf ihr weibliches Zartgefühl eine Metapher verwendet habe, »ob die verlorene Zunge nicht nur für sich selbst stehen könnte, sondern für eine noch scheußlichere Verstümmelung« – präziser: »ob ich unter einem stummen Sklaven nicht einen entmannten Sklaven zu verstehen hätte«.

Tatsächlich stehen Zunge und Penis in einem ausgeprägten Ähnlichkeitsverhältnis zueinander: Das Abschneiden des Oralorgans stellt daher stets auch eine Art symbolischen Kastrationsakt dar. Anders gesagt: Wer seine Zunge verliert, verliert auch den Phallus, er wird nicht nur seiner Sprach- und Geschmacksfähigkeit, sondern auch seiner symbolischen Potenz beraubt. Nicht umsonst ist die größte Furcht des Protagonisten Paul aus Michel Houellebecqs letztem Roman *Vernichten*, dass ihm wegen einer malignen Krebserkrankung die Zunge entfernt werden könnte. Bedenkt man, dass ein Großteil des Houellebecq'schen Werkes ein abschwellender Bocksgesang auf den *weißen*, westlichen, heteronormativen Cis-Mann ist, erscheint diese Angst nur konsequent: Die Zunge entspricht dem Phallus entspricht der Sprachmacht entspricht der erschlaffenden phallogozentrischen Potenz des einstmals so dominanten männlichen Subjekts. *Analyse-moi ça.*

Diese Dimension des Zungeabschneidens schwingt auch in der Eröffnungsszene aus dem ersten Band von Elias Canettis Autobiographie mit, der das bedrohte Organ folgerichtig im Titel trägt: *Die gerettete Zunge.* Seine früheste Kindheitserinnerung, schreibt der Autor rückblickend aus dem Abstand von vielen Jahrzehnten, sei ganz in Rot getaucht. Ein rotes Treppenhaus, eine rote Tür, eine gut durchblutete Zunge. Er selbst, das erinnerte Kind, befindet sich auf dem Arm eines Mädchens, die rote Tür geht auf, ein Mann kommt heraus und fordert ihn, den Knaben Canetti, auf, seine Zunge zu zeigen. Das Kind tut wie ihm geheißen, woraufhin der Mann ein Messer aus der Tasche zieht, es ganz nah an die Zunge heranführt und sagt:

>»Jetzt schneiden wir ihm die Zunge ab.« Ich wage es
>nicht, die Zunge zurückzuziehen, er kommt immer näher,
>gleich wird er sie mit der Klinge berühren. Im letzten
>Augenblick zieht er das Messer zurück, sagt: »Heute noch
>nicht, morgen.« Er klappt das Messer wieder zu und
>steckt es in seine Tasche.

Die Drohung bleibt als ›Damoklesmesser‹ in der Luft hängen, die Verstümmelung wird verschoben, auf den folgenden Tag, auf ein unendliches Morgen, immer wieder. Erst sehr viel später, nachdem er die Erinnerung seiner Mutter offenbart hat, wird es Canetti gelingen, die Szene zu entschlüsseln: Der Messermann muss ein Nachbar gewesen sein, er hatte ein Verhältnis mit dem Kindermädchen der Canettis, die martialische Geste sollte das Kind davon abhalten, etwas über die Beziehung zu verraten. »Die Drohung mit dem Messer hat ihre Wirkung getan, das Kind hat zehn Jahre darüber geschwiegen.«

In *Die gerettete Zunge* treffen, wenn man so will, drei verschiedene Phalloi aufeinander. Die Zunge. Das Messer, das die Integrität der Zunge gefährdet. Sowie der Penis des Knaben, der durch die Klappmessergeste implizit mitbedroht ist: Wer Kindern die Zunge abschneiden würde, dem ist auch ein Kastrationsakt zuzutrauen. Zumal das Oral- und das Genitalorgan durch die Affäre des Mannes mit dem Kindermädchen auf unterschwellige Weise miteinander verbunden sind: Wie im Ovid'schen Mythos geht es nicht nur darum, ein Geheimnis zu wahren, sondern eine *sexuelle Wahrheit* zu kaschieren. Solange die Zunge stumm bleibt, kann auch der Penis im Stillen weiteragieren.

Aufzeichnungen aus einem Erdloch Auch eine Szene der jüngeren Zeitgeschichte lässt sich vor diesem Hintergrund anders deuten. Es ist der 13. Dezember 2003, der Irakkrieg ist seit einem Dreivierteljahr vorüber, das Land besetzt, der einstige irakische Diktator Saddam Hussein seit Kriegsende untergetaucht. Doch an diesem Tag stöbern ihn amerikanische Soldaten in einem Dorf namens ad-Dawr auf, nur wenige Kilometer von Husseins Heimatstadt Tikrit entfernt, angeblich in einem Erdloch.

Die ersten Aufnahmen des einstigen Gewaltherrschers zeigen einen verlotterten alten Mann, das Haar verfilzt, der Bart ungepflegt, er wird von einem amerikanischen Militärarzt untersucht. Der Doktor drückt ihm mit einem Holzspatel die Zunge nach unten, funzelt ihm mit einer Taschenlampe im Gesicht herum, Saddam Hussein schließt immer wieder den Mund, dreht den Kopf zur Seite, macht dann aber doch wieder bereitwillig *Aaah!* Ausgiebig begutachtet der Arzt die orale Verfassung des Diktators, Abermillionen TV-Zuschauer sehen ihm dabei zu.

> »Ladies and Gentlemen, we got him.« Saddam Hussein
> has been discovered in a hole in the ground. Someone with
> latex gloves has a tongue depressor in Hussein's mouth.
> The inside of his mouth looks very red.

So erinnert die jamaikanisch-amerikanische Lyrikerin Claudia Rankine in ihrem Langgedicht *Don't Let Me Be Lonely* die Szene. Man könnte auch sagen: Der Erkenntnisgewinn der Aufnahmen für die Weltöffentlichkeit war gering – außer dass es bei einem Mann im Rentenalter, der seit Monaten keinen Kamm und keine Zahnbürste gesehen hat, mit der Oralhygiene etwas hapert. Der symbolische Effekt hingegen dürfte enorm gewesen sein: Der berüchtigte Kriegsverbrecher und Diktator war mit einem Mal auf menschliches Maß heruntergeschrumpft, ja, er hatte durch die öffentliche Zurschaustellung seiner Zunge und versehrten Zähne alles Bedrohliche verloren.

Dieser Mann hat keinen Biss, lautete die unterschwellige Botschaft der Bilder; er hat nichts mehr zu sagen. Seine Zunge, der Phallus, das Symbol diktatorischer Allmacht ist unter Kontrolle, oder zumindest unter einem Spatel. Wir können nach Belieben damit verfahren, die Zunge bezähmen, unterdrücken, zum Reden oder zum Schweigen bringen. Wenn wir wollten, könnten wir sie auch abschneiden.

Es ist moralisch fragwürdig, aber nur konsequent, dass Saddam Hussein drei Jahre später mit ausdrücklicher Billigung der USA von einem irakischen Gericht zum Tode verurteilt wurde: Die Macht über die Zunge eines anderen Menschen markiert nicht bloß die Herrschaft über sein Sprachvermögen, sondern *pars pro toto* über den ganzen Körper. Am 30. Dezember 2006 wurde Saddam Hussein in der Nähe von Bagdad hingerichtet, letzte Fotos zeigen ihn mit einer Schlinge um den Hals – ob er, wie beim Tod durch Erhängen üblich, im Sterben die Zunge herauspresste, ist nicht dokumentiert.

Weiter sprechen In der Tat sind, wenn mit dem Abschneiden der Zunge gedroht wird, Hals, Kopf und Kragen der Betroffenen häufig mitgemeint. Die oben erwähnte Tirade des türkischen Staatspräsidenten gegen die Sängerin Sezen Aksu zog umgehend Todesdrohungen nach sich, eine Gruppe fanatisierter AKP-Anhänger warnte pauschal, ohne Namen zu nennen: »Wir werden ihre Zungen abschneiden, wir zermalmen ihre Köpfe.« Die angedrohte Verstümmelung erscheint hier als nichts weniger denn als Vorstufe zum Mord. Ist, wenn die Zunge vom Körper getrennt wird, also alles vorbei? Sezen Aksu und etliche andere, die vom gewaltsamen Schweigen bedroht sind, würden das wohl vehement bestreiten. Drei Künstlerinnen, drei Werke, drei mögliche Antworten.

Erstens: *Die Zunge ist nicht allein.* Kurz nach den Verstümmelungs- und Todesdrohungen antwortete die türkische Queen of Pop mit einem neuen Songtext namens »Avcı«, zu Deutsch: Der Jäger. »Ich bin die Beute, du bist der Jäger«, heißt es darin,

Drück nur ab
Du kannst mich nicht empfinden
Kannst meine Zunge nicht zerquetschen
(…)
Du kannst mich nicht umbringen
Ich habe meine Stimme, meine Saz, meine Worte
Wenn ich Ich sage, meine ich alle.

Die Zunge, die Sezen Aksu hier besingt, transzendiert also ihren Ort im einzelnen Mund. Sie hört auf, ein individuelles Organ zu sein, und wird zur Gattungsbezeichnung, ja, zum Teil eines Kollektivs. In seinem philosophischen Hauptwerk *Masse und Macht* beschreibt Elias Canetti das Phänomen der sogenannten »Fluchtmasse« – jene eigentümliche Stärke, die daraus erwächst, dass man zwar flieht, dies aber nicht alleine tut, sondern in der Gruppe:

Die Massenflucht aber, im Gegensatz zur Panik, bezieht ihre Energie aus ihrem Zusammenhalt. Solange sie sich durch nichts zerstreuen läßt, (…) solange bleibt auch die Angst, von der sie getrieben wird, eine erträgliche. Eine Art von Hochgefühl zeichnet die Massenflucht aus, sobald sie einmal in Gang gekommen ist: das Hochgefühl der gemeinsamen Bewegung.

In diesem Sinne ließe sich Sezen Aksus Song »Avcı« als selbstbewusste Absage an das Gefühl der Panik interpretieren, das die politischen Gegner ihr einflößen wollten. Die Sängerin mag, wie sie selbst sagt, eine Beute sein, aber: Sie ist nicht die einzige, sondern Teil einer Fluchtmasse, einer ganzen Flut von Zungen, die allesamt singen und das Gleiche verkünden. Das einzelne Organ mag verstummen – andere tragen ihre Botschaft weiter.

dehlesh rowund meetuhng Zweitens: *Man kann auch ohne Zunge sprechen.* In ihrem Gedichtzyklus *Kohnjehr Woman* aus dem Jahr 2017 lässt die dominikanisch-amerikanische Autorin Ana-Maurine Lara eine versklavte Frau auftreten, der – wie Freitag aus J. M. Coetzees Roman *Foe*, wie so vielen Sklaven aus der Geschichte – zur Bestrafung die Zunge abgeschnitten worden ist. Die Sklavin wird Shee genannt, was sie als generische Stellvertreterin ihres Standes, ihrer Ethnie, ihres Geschlechts ausweist, sie ist *she*, eine Jederfrau. Aber: Sie ist zugleich, wie der eigenwillig buchstabierte Titel des Gedichtzyklus nahelegt, eine *conjure woman*, was sowohl ›Verschwörerin‹ als auch ›Magierin‹ bedeuten kann. Und ihr vielleicht größter Trick besteht darin, dass sie auch ohne Zunge sprechen kann:

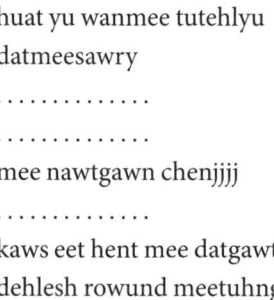

Auf den ersten Blick könnte es sich um karibisches Patois handeln oder, wie bei »I Zimbra« von den Talking Heads, um eine weitere Anverwandlung dadaistischer Nonsenslyrik – es stellt aber den ernsthaften Versuch dar, englische Wörter so wiederzugeben, wie sie klingen könnten, wenn ein Mund ohne Zunge sie artikulierte: *what do you want me to tell you? that me sorry?* Was willst du von mir hören, dass es mir leidtut? Vergiss es, ich werde mich nicht verändern, *me not gonna change!* Schließlich bin nicht ich diejenige, die eine Sklaventreiberpeitsche um die Zunge geschlungen hat, *'cause it ain't me that got the lash 'round me tongue.* Die brutale Verstümmelung erscheint hier geradezu als Zeichen der Freiheit: Wer keine Zunge mehr hat, dem kann sie auch nicht in Ketten gelegt werden.

Zugleich zwingt die hochartifizielle Transkription der hervorgewürgten Wörter Leserinnen und Leser zum Aussprechen dieser Satzfetzen – anders als durch lautes Lesen lässt sich der Sinn kaum erschließen. Der Effekt dieses performativen Tricks ist paradox: Einerseits können wir, die Lesenden, dadurch zumindest ansatzweise nachempfinden, was es heißen mag, seines Sprechorgans beraubt zu sein, zungenlos zu artikulieren. Andererseits geben wir den abstrakten Zeichen auf dem Papier oder Bildschirm durch diesen Akt des lauten Vorlesens aber auch ein körperliches Zuhause, machen sie zu unseren eigenen – wir lassen sie durch einen Mund fließen, der, im Gegensatz zu jenem der Erzählerin, über eine Zunge verfügt.

Durch die Lektüre werden wir also einerseits zu Zungenlosen – andererseits leihen wir dem Text unser Organ, wodurch er zu einer Aussage von Menschen mit Zunge wird. Fast scheint es, als würde Shee die Gabe der Rede wieder eingepflanzt: Das abgeschnittene Organ wird durch den Sprechakt multipliziert, die leeren Münder mit Sprache gefüllt. Wo Nichts war, soll Zunge werden.

Lengua aeterna Womit wir zur dritten und letzten Antwort auf die Frage kommen, ob mit dem gewaltsamen Entfernen der Zunge alles vorbei ist. Natürlich nicht, legt eine plastische Arbeit der mexikanischen Künstlerin Teresa Margolles aus dem Jahr 2000 nahe, denn: *Die Zunge spricht auch abgeschnitten weiter* (Abb. 17).

Das Werk mit dem Titel »Lengua« zeigt genau das, was der Titel besagt: eine menschliche Zunge. Sie wird von einem handhohen, filigranen Metallsockel gestützt, was ihr die Anmutung einer klassischen Portraitbüste verleiht, obwohl doch alles andere, was einen menschlichen Kopf und dessen individuelle Züge ausmacht, fehlt. Einzig ein knapp erbsengroßes Piercing in der Zungenmitte verleiht dem Organ eine gewisse persönliche Note: Die glänzend silberne Oberfläche dieses Schmuckstücks steht in Kontrast zum zerkarsteten Zungenrücken, die Papillen sind deutlich erkennbar, zur Wurzel hin aber grau verfärbt, so als befände sich das Organ im Zustand fortgeschrittener Verwesung. Ein nicht ganz abwegiger Gedanke, schließlich handelt es sich um den abgetrennten Körperteil eines Toten.

Obwohl die Färbung und Zerfurchtheit nahelegen, dass die Zunge zu einem älteren Mann gehört, stammt sie von einem Teenager: Ihr Inhaber war ein jugendlicher Junkie, der der allgegenwärtigen Bandengewalt in seiner Heimat zum Opfer fiel. Teresa Margolles, die neben ihrer künstlerischen Tätigkeit auch diplomierte Gerichtsmedizinerin ist, bekam das Organ von der Familie des Toten überlassen und zahlte im Gegenzug für dessen Begräbnis: »Diese Zunge gehörte einem Jugendlichen, der ermordet wurde. Ich zeigte seiner Mutter meine Arbeit und sagte ihr, dass die Zunge für viele andere Jugendliche sprechen könne, die in Mexiko ermordet wurden.«

Ein vielsagendes Denkmal: Obwohl sie nicht mehr im eigentlichen Sinne sprechen kann, zeugt die forensisch präparier-

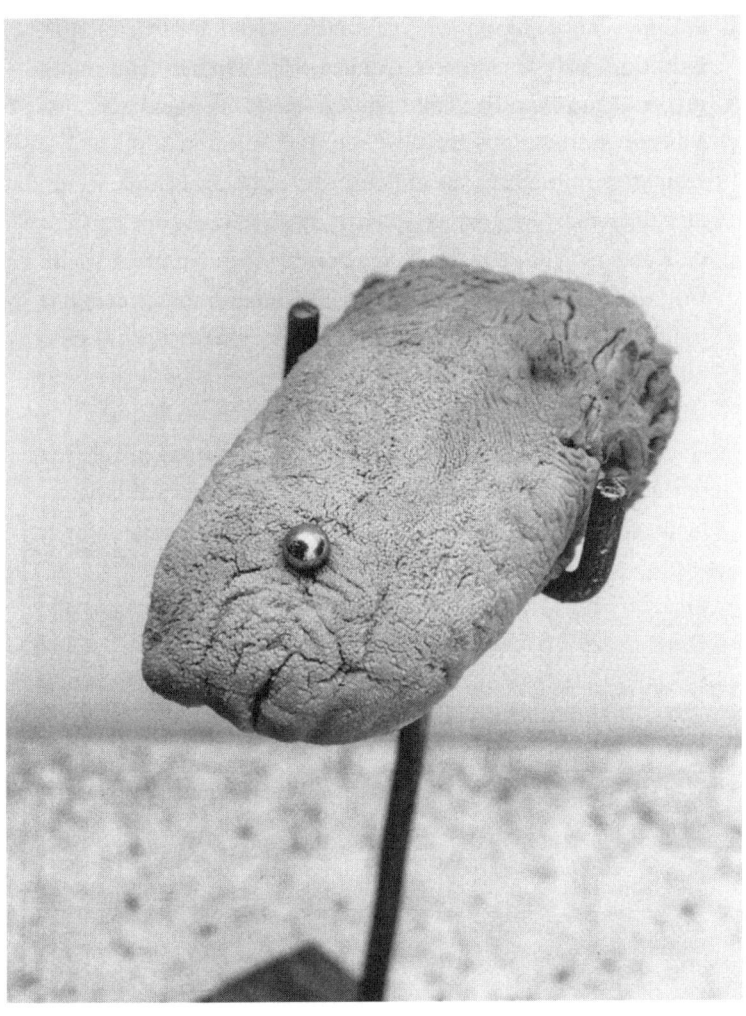

17 Teresa Margolles, *Lengua* (präparierte menschliche Zunge mit Piercing, 2000)

te Zunge, zur Skulptur erhöht, von den vielen und vielfältigen Funktionen dieses Organs. Der gewölbte Rücken lässt daran denken, dass sie provokant herausgestreckt werden kann. Das silberne Piercing evoziert lustvolles Lecken und Küssen. Die verblassten Geschmackspapillen erinnern an die Fähigkeit zum gustatorischen Genuss, die Spitze symbolisiert das erste tastende Züngeln, mit dem das Neugeborene nach Nahrung sucht. Und der harte Schnitt an der Wurzel gemahnt an die radikale Fragilität unseres Daseins, an die Gefahr, dass jeden Augenblick, jeden Wimpernschlag, jeden Atemzug alles vorbei sein kann.

Alles, außer der stillen und zugleich vielstimmigen Präsenz der Zunge. Auch wenn sie zum Schweigen gebracht wurde, bleibt sie beredt. Die Zunge hat das letzte Wort.

danken

Claus Cäsar, Nicola Denis, Michael Ebmeyer, Philipp Enger, Hermann Flaßpöhler, Anselmo Fox, Mariana Leky, Tobi Müller, Hakan Savaş Mican, John Pasche, Tilman Rammstedt, Leonard Schroeder, Christopher Zarnow sowie Klaus Cäsar Zehrer. Vor allem aber Svenja. Und natürlich Jim.

zitieren

Aristoteles: *Über die Seele.* Übersetzt von Willy Theiler. Berlin 1986.

Julia Banwell: »Agency and Otherness in Teresa Margolles' *Aesthetic of Death*«, in: *Altre Modernità*, Nr. 4 (10/2010), S. 45–54.

Roland Barthes: »Brillat-Savarin-Lektüre«, in: Kikuko Kashiwagi-Wetzel und Anne-Rose Meyer (Hrsg.): *Theorien des Essens.* Aus dem Französischen von Dieter Hornig. Berlin 2017, S. 239–260.

— *Die helle Kammer. Bemerkung zur Photographie.* Übersetzt von Dietrich Leube. Frankfurt am Main 1985.

Samuel Beckett: *Malone stirbt.* Übersetzt von Elmar Tophoven. Frankfurt am Main 1991.

— *Molloy. Malone Dies. The Unnamable.* London, Montreuil und New York 1994.

Heike Behrend: »Praktiken der Passiones. Geistbesessenheit und der Geist ethnographischer Feldforschung«, in: Kathrin Busch und Iris Därmann (Hrsg.): *»pathos«: Konturen eines kulturwissenschaftlichen Grundbegriffs.* Bielefeld 2007, S. 183–198.

Walter Benjamin: »Frische Feigen«, in: *Gesammelte Schriften.* 7 Bände. Frankfurt am Main 1991, Bd. I V/1, S. 374 f.

Claudia Benthien: »Zwiespältige Zungen. Der Kampf um Lust und Macht im oralen Raum«, in: Hartmut Böhme & Beate Slominski (Hrsg.): *Das Orale. Die Mundhöhle in Kulturgeschichte und Zahnmedizin.* München 2013, S. 77–84.

Die Bibel. Nach der Übersetzung Martin Luthers. Stuttgart 1999.

Pierre Bourdieu: *Die feinen Unterschiede. Kritik der gesellschaftlichen Urteilskraft.* Übersetzt von Bernd Schwibs und Achim Russer. Frankfurt am Main 1984.

Paul Bowles: »Eine ferne Episode«, in: *Gesammelte Werke.* 6 Bände. Deutsch von Pociao. München 2000, Bd. V, S. 44–62.

Hartmut Böhme: »Anthropologische und kulturelle Dimensionen des Mundraums«, in: Uta Ruhkamp (Hrsg.): *In aller Munde. Das Orale in Kunst und Kultur.* Berlin 2020, S. 26–37.

Horst Bredekamp und Kolja Thurner: »Maulschau und Schlunderkundung. Wandlungen des Höllenschlunds zwischen Flandern und Italien im

16. Jahrhundert«, in: Uta Ruhkamp (Hrsg.): *In aller Munde*. A. a. O.,
S. 62–69.

Barthold Hinrich Brockes: »Die fünf Sinne (Auszüge)«, in: Robert Gernhardt
und Klaus Cäsar Zehrer (Hrsg.): *Hell und Schnell. 555 komische Gedichte
aus 5 Jahrhunderten*. Frankfurt am Main 2004, S. 465–468.

Jean Anthelme Brillat-Savarin: *Physiologie des Geschmacks oder Physiologische Anleitung zu Studium der Tafelgenüsse*. Übersetzt von Carl Vogt.
Braunschweig 1865.

Judith Butler: *Haß spricht: Zur Politik der Performativen*. Aus dem Englischen von Kathrina Menke und Markus Krist. Berlin 1998.

Elias Canetti: *Die gerettete Zunge. Geschichte einer Jugend*. Frankfurt am
Main 1979.

— *Masse und Macht*. Frankfurt am Main und Wien 1978.

J. M. Coetzee: *Mr. Cruso, Mrs. Barton & Mr. Foe*. Aus dem Englischen von
Wulf Teichmann. Frankfurt am Main 1998.

Michel de Certeau: »Vocal Utopias: Glossolalias«, in: *Representations* 56
(Herbst 1996), S. 29–47.

Stefan Donecker: »Gelehrte Kusstheorie im 17. Jahrhundert. Die Osculologie
des Johann Friedrich Heckel«, in: *Querformat. Zeitschrift für Zeitgenössi-
sches, Kunst, Populärkultur*, Nr. 5/2012, S. 84–86.

Umberto Eco: *Der Name der Rose*. Aus dem Italienischen von Burkhart
Kroeber. München und Wien 1982.

*Die Edda, die ältere und jüngere nebst den mythischen Erzählungen der Skal-
da*. Übersetzt von Karl Simrock. Stuttgart 1876.

Giulia Enders: *Darm mit Charme. Alles über ein unterschätztes Organ*. Berlin
2014.

Andreas Filippi und Irène Hitz Lindenmüller: »Vorwort«, in: Dies. (Hrsg.):
*Die Zunge. Atlas und Nachschlagewerk für Zahnärzte, Hausärzte, Kinder-
ärzte, Hals-Nasen-Ohren-Ärzte, Hautärzte, Dentalhygienikerinnen, das
gesamte zahnärztliche Praxisteam sowie Studierende der Medizin und
Zahnmedizin*. Berlin et al. 2016, S. 1–4.

Paul Fleming: »Wie er wolle geküsset seyn«, in: *Die Entdeckung der Wollust.
Erotische Dichtung des Barock*. München 1995, S. 10–12.

Jonathan Franzen: *Crossroads*. Aus dem Englischen von Bettina Abarbanell.
Hamburg 2021.

Sigmund Freud: »Das Ich und das Es«, in: *Studienausgabe*. Herausgegeben
von Alexander Mitscherlich, Angela Richards und James Strachey. 10
Bände. Frankfurt am Main 2000, Bd. III, S. 273–330.

— »Drei Abhandlungen zur Sexualtheorie«, in: *Studienausgabe*. A. a. O.,
Bd. V, S. 37–145.

Mark I. Friedmann: »Die Sinne des Geschmacks und ihre Bedeutungen«, in: Kunst- und Ausstellungshalle der Bundesrepublik Deutschland (Hrsg.): *Geschmacksache*. Göttingen 1996, S. 25–34.

Lilli Gast: »Gedanken zur Psychodynamik der Mundhöhle«, in: Hartmut Böhme & Beate Slominski (Hrsg.): *Das Orale*. A. a. O., S. 71–73.

Gunter Gebauer: »Kant und der Geschmack«, in: *Philosophie Magazin*, Nr. 3/2023, S. 68–73.

Johann Wolfgang von Goethe: *Götz von Berlichingen*, in: *Werke in zehn Bänden*. Herausgegeben von Ernst Beutler. Zürich und Stuttgart 1962, Bd. III, S. 195–308.

Christoph Gradmann: »Unsichtbare Feinde: Bakteriologie und politische Sprache im deutschen Kaiserreich«, in: Philipp Sarasin et al. (Hrsg.): *Bakteriologie und Moderne: Studien zur Biopolitik des Unsichtbaren 1870–1920*. Frankfurt am Main 2007, S. 327–353.

Hans Hatt: »Botschaften der Zunge: Zur Physiologie des Geschmacks«, in: *Geschmacksache*. A. a. O., S. 229–243.

Hans Hatt und Regine Dee: *Das kleine Buch vom Riechen und Schmecken*. München 2012.

Johann Christoph Heckel: *Historisch-Philologische Untersuchung Von den mancherley Arten und Absichten der Küsse*. Chemnitz 1727.

Michel Houellebecq: *Vernichten*. Aus dem Französischen von Stephan Kleiner und Bernd Wilczek. Köln 2022.

Otfried Höffe: *Immanuel Kant*. München 1992.

Das Kāmasūtram des Vātsyāyana. Aus dem Sanskrit übersetzt von Richard Schmidt. Berlin 1915.

Immanuel Kant: *Kritik der Urteilskraft*. Frankfurt am Main 1994.

Henry Keazor: »Zwischen Versenkung und Transgression. Über den Kuss im Musikvideo«, in: *Querformat*. A. a. O., S. 96–105.

Alexandre Lacroix: *Kleiner Versuch über das Küssen*. Aus dem Französischen von Till Bardoux. Berlin 2013.

Ana-Maurine Lara: *Kohnjehr Woman*. Washington, D. C. 2017.

Harald Lemke: »Phänomenologie des Geschmackssinns«, in: Dietrich von Engelhardt, Rainer Wild und Gerhard Neumann (Hrsg.): *Geschmacks-kulturen*. New York und Frankfurt am Main 2005, S. 183–204.

Karin Leonhard: »Chacun à son goût. Zur Rolle des Geschmacks in den Künsten«, in: Uta Ruhkamp (Hrsg.): *In aller Munde*. A. a. O., S. 206–211.

Gotthold Ephraim Lessing: *Laokoon. Oder: Über die Grenzen der Malerei und Poesie. Mit beiläufigen Erläuterungen verschiedener Punkte der alten Kunstgeschichte*. Stuttgart 1994.

Julia von Lucadou: *Tick Tack*. Berlin 2022.

John Lydon mit Keith und Kent Zimmerman: *Rotten. No Irish, No Blacks, No Dogs.* New York 1994.

Benjamin Maack: *Wenn das noch geht, kann es nicht so schlimm sein.* Berlin 2020.

Karl May: *Der Oelprinz. Eine Erzählung für die reifere Jugend.* Stuttgart, Berlin und Leipzig o. J.

Winfried Menninghaus: *Ekel. Theorie und Geschichte einer starken Empfindung.* Frankfurt am Main 1999.

Christian Metz: *Kitzel. Genealogie einer menschlichen Empfindung.* Frankfurt am Main 2020.

Alain Montadon: *Der Kuß. Eine kleine Kulturgeschichte.* Aus dem Französischen von Sonja Finck. Berlin 2006.

Christian Morgenstern: »Das große Lalulā«, in: *Sämtliche Galgenlieder.* München 1992, S. 30.

Desmond Morris: *Der Mensch, mit dem wir leben. Ein Handbuch unseres Verhaltens.* Übersetzt von Karl Heinz Siber und Wolfram Wagmuth. München 1977.

Vladimir Nabokov: *Lolita.* London et al. 2000.

— *Lolita.* Deutsch von Helen Hessel, Maria Carlsson, Kurt Kusenberg, H. M. Ledig-Rowohlt, Gregor von Rezzori und Dieter E. Zimmer. Reinbek bei Hamburg 2007.

Ovid: *Metamorphosen.* In der Übertragung von Johann Heinrich Voß. Frankfurt am Main 1990.

Emine Sevgi Özdamar: *Mutterzunge.* Berlin 2022.

Elizabeth Pennisi: »Tales of the Tongue«, in: *Science* 380 (6647) (26. Mai 2023), S. 786 – 791.

Bernd Pompino-Marschall: *Einführung in die Phonetik.* Berlin und New York 2009.

Marcel Proust: *Auf der Suche nach der verlorenen Zeit.* Deutsch von Eva Rechel-Mertens. Frankfurt am Main 1972.

Ralf J. Radlanski: »Anatomie und Physiologie der Zunge«, in: Andreas Filippi und Irène Hitz Lindenmüller (Hrsg.). A. a. O., S. 5–15.

Claudia Rankine: *Don't Let Me Be Lonely. An American Lyric.* Minneapolis 2004.

Christian Reuter: *Schelmuffskys Warhafftige Curiöse und sehr gefährliche Reisebeschreibung zu Wasser und Lande.* Schelmerode 1696 [Leipzig 1972].

Mary Roach: *Gulp. Adventures on the Alimentary Canal.* New York und London 2014.

Joanne K. Rowling: *Harry Potter und die Kammer des Schreckens.* Aus dem Englischen von Klaus Fritz. Hamburg 1999.

Uta Ruhkamp (Hrsg.): *In aller Munde. Das Orale in Kunst und Kultur.* Berlin 2020.

Uta Ruhkamp: »In aller Munde. Motivgeschichten des Oralen«, in: Dies. (Hrsg.): *In aller Munde.* A. a. O., S. 12–25.

Hermann Schmitz: *Der Leib. System der Philosophie.* 5 Bände. Bonn 1965, Bd. II, 1.

Luise Schottroff: *Der erste Brief an die Gemeinde in Korinth (= Theologischer Kommentar zum Neuen Testament,* Band 7). Stuttgart 2013.

Michel Serres: *Die fünf Sinne. Eine Philosophie der Gemenge und Gemische.* Übersetzt von Michael Bischoff. Frankfurt am Main 1993.

William Shakespeare: *The Tempest.* London und New York 1988.

Peter Sloterdijk: *Kritik der zynischen Vernunft.* Frankfurt am Main 1983.

Jürgen Trabant: *Was ist Sprache?* München 2008.

Charlotte Van den Broeck: *Wagnisse. 13 tragische Bauwerke und ihre Schöpfer.* Übersetzt von Christiane Burkhardt. Hamburg 2021.

Georg Rodolf Weckherlin: »Wie viel Küsse?«, in: *Die deutsche komische und humoristische Dichtung seit Beginn des XVI. Jahrhunderts bis auf unsere Zeit.* In 5 Büchern. Nürnberg 1855, Bd. I, S. 291 f.

Klaus Cäsar Zehrer: *Das Genie.* Zürich 2019.

abbilden